U0856963

北京理工大学关心下一代教育读物

桑榆情怀

我的大学生活

Precious Memoirs

My University Life

北京理工大学关工委秘书处　组编

BEIJING INSTITUTE OF TECHNOLOGY PRESS

图书在版编目（CIP）数据

桑榆情怀：我的大学生活 / 北京理工大学关工委秘书处组编. —北京：北京理工大学出版社，2021.1

ISBN 978-7-5682-8135-5

Ⅰ. ①桑…　Ⅱ. ①北…　Ⅲ. ①北京理工大学 - 校友 - 生平事迹　Ⅳ. ①K820.7

中国版本图书馆 CIP 数据核字（2020）第 017354 号

出版发行 / 北京理工大学出版社有限责任公司
社　　址 / 北京市海淀区中关村南大街 5 号
邮　　编 / 100081
电　　话 /（010）68914775（总编室）
（010）82562903（教材售后服务热线）
（010）68948351（其他图书服务热线）
网　　址 / http: //www.bitpress.com.cn
经　　销 / 全国各地新华书店
印　　刷 / 三河市华骏印务包装有限公司
开　　本 / 710 毫米 ×1000 毫米　1/16
印　　张 / 11
字　　数 / 207 千字
版　　次 / 2021 年 1 月第 1 版　2021 年 1 月第 1 次印刷
定　　价 / 68.00 元

责任编辑 / 申玉琴
文案编辑 / 申玉琴
责任校对 / 周瑞红
责任印制 / 李志强

北京理工大学关心下一代教育读物

编委会

桑榆情怀

——我的大学生活

主　审：包丽颖　张敬袖

主　编：蔡婷婷

副主编：李振江　辛丽春

编　辑：董建科　黄弗矜　周　莹　马　辉

杨自杰　谷　琳　李　响

序

归路方浩浩，徂川去悠悠。

在首都这一科教重镇、自主创新的主战场，坐落着中国共产党创办的第一所理工科大学——北京理工大学。在这样一所传承着红色基因、飘扬着奋进精神的校园里，聚集了这样一群人：岁月风霜染白了他们的鬓发，时光阡陌爬上了他们的额头，但他们依然枕戈待旦，照样神采飞扬！他们不忘初心，探索求学之道，丹青巨笔谱写华彩乐章！他们，就是北理工的“老”教师、“老”专家、“老”学者们。他们怀着对党、对国家、对人民的无限热爱，在把接力棒传给后来者的时候，移步换形投身于关心下一代的伟大事业！为教育培养下一代成为社会主义合格建设者和可靠接班人，他们倾囊以授、古道热肠，他们钟情教育、笔耕不辍。

在深入推进弘扬爱国奋斗精神、建功立业新时代的活动中，为了弘扬老一辈北理人一生爱国、忠于人民的坚定信仰，为了发扬他们务实勤勉、开拓创新的奋斗精神，为了展示他们热爱生活、积极乐观的生活态度，更为了下一代能够继承他们的优良品格和作风，为了延安精神能够薪火相传，我们把他们的倾力之作汇集成北京理工大学关心下一代教育读物之二——《桑榆情怀——我的大学生活》出版。宇宙浩瀚、星河灿烂，这本书就是其中的一颗星，虽谈不上耀眼，但仍熠熠发光。

在这本书里，你可以读到老一辈北理工“大先生”们“心有大我、至诚报国、爱国奉献、建功立业”的点滴生活故事；你也可以品到中国优秀知识分子

“闲看庭前花开花落，漫随天外云卷云舒”的恬淡豁达、宁静洒脱。这本书里有对学校从延河之畔、宝塔山下走来，之后转战华北、续写华章的建校发展历程的追溯回忆，也有对学校学科专业发展建设过程中北理工人艰苦卓绝奋斗历程的深情记述。这本书里有对他们那个烽火硝烟年代难忘岁月的青春祭奠，更有结合自身求学感悟对当代青年学子珍惜青春韶华、发奋读书的劝勉。

“一年之计，莫如树谷；十年之计，莫如树木；终身之计，莫如树人。”百年大计，教育为本。教育是国之大计，党之大计。青年一代，代表着民族的未来，肩负着祖国的希望，寄托着党的关怀！在中国关心下一代工作委员会成立25周年之际，习近平总书记做出重要批示：“祖国的未来属于下一代。做好关心下一代工作，关系中华民族伟大复兴。”

当代中国青年要有所作为，就必须投身人民的伟大奋斗。同人民一起奋斗，青春才能亮丽；同人民一起前进，青春才能昂扬；同人民一起梦想，青春才能无悔。

谨以此书献给广大新时代青年，倾听睿言锦语，品读精彩故事，感悟人生真谛。用长者大爱唤醒世间真爱，用长者心灵润泽美好心灵，用长者经历丰富生活阅历，用长者智慧启迪人生智慧。砥砺家国情怀，激发使命担当。

是为序。

Contents/目录

我谈大学生活

立志、勤奋、创造、成才

——志存高远　笃学诚行……周立伟　003

愿科学与人文比翼齐飞……周立伟　010

做人、做学问、做论文

——培养博士研究生的一些体会……马宝华　013

期望与嘱托

——与青年大学生谈求知、做人与创业……魏宸官　017

假如我能再当一回大学生

——大学生的学习方法之一……万春熙　023

寄语新同学……蔡汉文　032

我的学习方法回顾……龚绍文　035

学不可以已……陈俊南　040

寄语与共勉……鲍重光　045

我们的大学之道……戴永增　052

寄语大学生……姚德源　057

对大学生和中青年谈健康……傅上之　062

我的大学生活

曲折漫长的求学之路……万春熙　067

积极参加大学业余社会活动…………………………………………………… 张敬袖 076
我的大学生活
——逐梦红色国防工程师 ………………………………………………………… 姚仲鹏 083
度过初入大学的几关……………………………………………………………… 吕广庶 090
六十年的记忆　一生的激励……………………………………………………… 赵鸿德 093
我的高考　我的大学……………………………………………………………… 王悦音 096
上大学的感悟——理想·勤奋·奉献 ………………………………………… 李兆民 099
忆往昔……………………………………………………………………………… 方嘉洲 103
大学培养我主动学习和解决问题的能力………………………………………… 赵燕平 106
做一名刻苦学习、敢于担当的人
——我的大学生活及感悟 ……………………………………………………… 陈熙荣 111
一个调干生的大学生涯
——四年大学生，四十年大学教师 …………………………………………… 张国威 118
我的大学生活……………………………………………………………………… 刘继华 123
青春无悔，今生无悔……………………………………………………………… 刘蕴陶 127
大学生活的回忆与感悟…………………………………………………………… 范琼英 130
大学生活的美好回忆……………………………………………………………… 高鲁山 133
聚首、回首、壮志未酬…………………………………………………………… 蔡季冰 137
计算机专业初创时我们是怎样学习的？ ……………………………………… 吴鹤龄 141
社会和生产实践育我成长
——大学生活点滴回忆 ………………………………………………………… 董国耀 143
回忆大学生活……………………………………………………………………… 赵长水 148
大学是我人生成长的摇篮………………………………………………………… 贾展宁 151
珍惜大学学习生活………………………………………………………………… 李祯祥 154
终生难忘的一天
——追忆参加开国大典 ………………………………………………………… 姜文炳 157
科学研究，发轫大学……………………………………………………………… 林鸿溢 158
一封家书…………………………………………………………………………… 周本相 165

我谈大学生活

立志、勤奋、创造、成才
——志存高远　笃学诚行

周立伟

我对新入学的大学生和研究生表示热烈的欢迎，衷心祝贺诸位在人生的旅程中踏上了一个新的阶段。在这一时刻，我的心情是激动的。我为祖国的科教事业中增添了新的血液和新的力量而高兴。

我要谈四个问题：青年时期要立志；成功的秘诀是勤奋；科学创造要讲究方法；全面发展，努力成才。

1. 青年时期要立志

目前，某些高等院校的教育中存在一个问题：只注意知识的传输，不重视理想、志气的教育以及才干、能力的培养。事实上，求学时期关于正确的人生观、世界观、价值观的教育，对于青年学生的成长是非常重要的。年轻人应该有抱负、朝气蓬勃、有理想、有志气；青年大学生和研究生在大学期间要在政治思想上和业务学习上为自己树立一个高目标，自觉把自己培养成为一个有道德、有文化素养和科学素质、“德智体美劳”全面发展的人才。

（1）要有自信心。信心是事业的立脚点。中华民族是伟大的民族，出了许多优秀的科技人才。如李四光、华罗庚、钱学森、王淦昌、郭永怀、邓稼先、于敏、杨振宁、李振道、丁肇中等大科学家，他们为世界科技的发展做出了巨大的贡献。年轻人要对我们的民族有信心，也要对自己有信心。“彼，人也；予，人也。彼能是，而我乃不能是！”

人是需要一点精神的。无论是继承性工作，还是开创性工作，都需要有自信心，以积极的精神，通过锲而不舍的研究去拿下它。

（2）热爱事业，热爱所从事的专业。爱因斯坦说过，“热爱是最好的老师”。一般来说，经过系统训练的科技专业人才，大都会对本专业发生浓厚兴趣，由感兴趣而热爱，并产生为其献身的热情。20 世纪 50 年代的青年人，专业的志愿主要是考虑国家的需要，较少考虑本人的特长和爱好。既然需要，我就学，就“钻”进去，很快就能爱上所从事的专业。可见，对于青年人，爱好和兴趣是可以培养的，也是可以转换的。

我举自己的例子。我中专毕业后，被分配到工厂。那时技术员少，什么都干。

我当过工具车间和电表车间的技术员、描图员，搞过电表、电动机。搞技术革新时，设计制造了一部绕线机，工效提高了 7 倍，上海《劳动报》为此专门发了一个报道。后来，工厂的副总工程师设计一台约为 1.5 马力的电动机，由我协助进行结构设计。他给了我一些数据——矽钢片尺寸、线圈绕组等。但我一点也不懂原理，完全按照他的要求进行设计，把电动机做出来了。我觉得自己的知识太贫乏了，于是要求上大学，想当一个电机工程师。其实这个爱好也是朦胧的。

考入北京工业学院后，我被分到光学仪器专业。分专业时，我想学航空瞄准仪器，但班上志愿学“航瞄”的人太多，我是班长，就学了“地瞄”。我想这样也很好，我喜欢结构设计。毕业后，领导又分配我搞新专业，搞夜视。当时那些技术名词我从来都没有听过，但组织上要我搞，是对我的信任。不懂可以学。就这样，我又把兴趣转到夜视和电子光学上。这些年，在这个领域做了一些小小的工作。所以我的体会是，只要你热爱事业，兴趣是可以转移的，专业的兴趣是可以培养的。

（3）走自己的路，创造自己的东西。年轻人要继承前辈的成果，在继承的基础上创造自己的成果。我们对待前人的宝贵遗产，既要尊重，又要发展，传承拓新。只有这样科学才能前进。因此，我希望我们的青年人从入学一开始，就要有一个志向：立志在科学与教育事业上做出一番成就来。

我在研究电子光学时，开始什么也不懂。但是我想，不懂就学，贵在坚持。一年不行，就五年、十年、廿年，总能攻下这一难关的。我到苏联留学时，指导教师要我改方向，搞超高频电子光学，这样我就能很快拿到学位。但我想，我留学是来学夜视中的电子光学的，不能改方向。于是在列宁格勒[①]近 4 年的时间里，我靠自己的钻研、自己的决心拿到了 Ph.D 学位。1978 年，英国伦敦召开两个国际学术会议。会议组织委员会的主席之一邀请了我和苏联科学院的谢列夫博士。我在会议上发表了《同心球电磁聚焦系统的电子光学》一文。恰巧美国的丘达莱教授也发表了相近的论文，我们俩一前一后宣读。会后，会议论文集 *Advances in Electronics and Electron Physics*（《电子学和电子物理学的进展》）第 52 卷仅收入了我的论文，丘达莱教授立即向我发出了到美国讲学、访问的邀请。1993 年，我出版了一部专著《宽束电子光学》；1994 年，出版了电子光学学术论文选集。这是我从事科学研究和教学工作 30 年的结晶。我的工作得到了国内外同行的承认，美、俄、英、法、德、日、荷等国的 12 位著名学者给予我很高的评价。俄罗斯有关院校承认我在学术上的成就，还授予我一些荣誉称号。如果总结一下，我想，获得这一切最主要是靠志气，靠韧性，靠几十年坚持不懈地投身于科学研究中。

（4）要排除万难，对科学事业有献身精神。马克思曾把科学的入口处比作地狱的大门。他指出：“这里必须根绝一切犹豫，这里任何怯懦都无济于事。”我很早就

① 现为圣彼得堡。

读过这句话，但很难理解。经过这些年，我觉得他老人家真是说得深刻。我的体会有两点。一是献身精神。当向这一目标努力时，可能需要献出青春和毕生的精力。可能有所成就，也可能一无所获，因为只凭努力并不能保证发现真理。二是坚持真理。坚持真理有时比发现真理更难。在世俗的人们中，墨守成规成了美德，标新立异是罪过。坚持真理有时会受到有意无意的压制和扼杀。

我以前认为，搞社会科学坚持真理很难，需要有很大的勇气。实际上，搞自然科学也需要勇气：一是敢不敢破框框；二是框框破了有人反对、责难，敢不敢坚持。

2. 成功的秘诀是勤奋

如果我们问每一位学有所成的科学家成功的秘诀，几乎没有一位会不把勤奋作为自己成功的第一条件。达尔文说："我所完成的任何科学工作都是通过长期的考虑、忍耐和勤奋得来的。"爱因斯坦曾说："我很清楚，我本人没有特殊的天才。好奇心、专心一致和顽强的耐心，结合自我批评的精神，这些给我带来了我的概念。关于特别强的思维能力（脑力），我是没有的；就是有，也只是中等的程度。有许多人的思维能力，比我强得多，但却未做出任何惊人的事业。"

我们每一个人都知道"天才出于勤奋"这句名言，这就是说，离开了勤奋，就不会有真正的天才。但是，并不是每一个努力勤奋的人都能有所成就，成为科学人才。这里有两个问题：

一是勤奋要有正确的方向。也就是说，要看准时代的要求、科学发展的趋势和学科领域内具有重大意义的攻关目标。认准了这些，勤奋学习，刻苦学习，就有希望做出贡献，成为优秀的科技人才。盲目勤奋的人不少，他们很刻苦，书念得很多，但针对性不强。有的人越读越害怕，没有自信心；有的人越读越愚蠢，钻牛角尖，终于一事无成。

二是勤奋探索要有耐心和细心。研究方向对头，目标也明确时，最需要的就是耐心和细心。一个科学家要具备"板凳能坐十年冷"的韧劲。有时需要再多等待一段时间，再多积蓄一些力量，再多看一些书，再多创造一些条件，甚至有些问题可以先搁一搁。

3. 科学创造要讲究方法

做任何事情都要讲究方法，方法对头，事半功倍。学习与研究也不例外。关于学习与科学研究方法，我有以下几点想法。

（1）要在大学期间奠定基本理论和专门技术的基础，练好基本功。

任何一门学科都是以一般知识为基础的，没有坚实的基础，很难学得深入，也很难灵活应用。因此，理工科的大学生必须具备以下能力。

① 基础理论的掌握能力：要学好基础课程，牢固掌握专业的基础理论和基本概念。

② 知识的灵活运用能力：知识不要单一化，信息时代的大学生遇到的问题是

光、机、电、算、材、化等知识的综合应用。

③ 实验和基本技能的操作能力：要重视基本技能的训练，特别是实验技能与操作能力的培养。

④ 计算机使用能力。

⑤ 外语运用能力。

⑥ 口、笔交流能力。

有的学生很聪明，也很努力，但很着急，急于求成。基本概念不清楚，基本知识没掌握，便去攻世界难题，这是不切实际的。前人已经建立的牢固的理论，要想全盘否定或推翻，是不可能的。一般来说，我们只能去发现前人未注意到的或未涉及的、未深入研究的，或某一点弄错的，或适用于局部却被认为是普遍真理的，等等。对待前人的成果不能迷信，但在批判时也要慎重。

对于基础，可能有人误解，以为基础越大越好。可是人的生命是有限的，漫无边际地打基础，不会应用，结果只能是徒劳无功。基础知识要通过专门学科的运用与学习加以巩固与提高。一般的学习过程或程序是：打好基础，再学习专门学科，在实际中应用，觉得知识能力不够，又反过来有针对性地打基础，扩大眼界，逐步在该领域达到广博专深，最后达到博大精深。

（2）要积累知识，讲究学习方法。

知识的获得，非一朝一夕之功。必须从一开始就注意积累，学会学习方法，学会读书，学会自学。一个现代的大学生面对日新月异的科技发展应该怎样学习呢？我提出以下几点供参考。

① 学会检索文献资料。全世界每年要发表 1 000 万篇论文。一个人穷尽一生的精力也只能读极少一部分。因此，如何尽快地查阅到所需要的文献资料就很重要。从大学时代，就要学会检索，很快了解前人的贡献与现状，使自己尽快地进入科学前沿。

② 要善于选书，围绕自己的工作要求进行学习。要选好书，读好书。并非所有的书都要从头读到尾。读有泛读和精读。每一专业都有少量的经典著作，要精读，反复读，反复想。但有的书仅需要泛读一下，有的书只要浏览一下，有个大致的了解即可。最主要的是，要围绕自己的研究工作的要求进行学习，只从浩瀚无际的知识海洋中汲取对自己有用的养分，而舍弃那些与己无关的东西。“弱水三千，我只取一瓢饮。”

③ 要勤做笔记。自己亲手抄摘的东西，往往印象深刻，记得牢，引用方便，自己也爱惜，便于温故而知新。我上大学时，到工厂实习，担任班长兼实习队的副队长，一个月记了两大本笔记。我做研究生时，三年时间做了数百张文摘卡片，笔记记满 10 余个笔记本、2 400 页稿纸，通过笔记对自己的课题以及有关领域的来龙去脉、历史现状、目前进展有一个全面、详尽的了解。

④ 读书（或文献）要持批判态度，要想问题，找问题，提问题。读书时要尊重书，因为这是前人的总结。但我们的思想不要为书上的内容所束缚，拘泥于书上所讲的。读书要读出自己的评价和看法，提出自己的见解。书上讲得不全面，可补充发展；书上讲得好，能否在科研中为我所用？也可能书上讲得不对，那么能否用理论证明或实验推翻书本或文献上的结论？

（3）学会科学研究方法，进入研究领域。

目前，高校对大学生和研究生的知识结构要求：一是随着科学技术日新月异的发展，要适应时代和祖国建设的需要；二是不仅仅会接受老师传授的知识，即学习知识，而且要会应用知识和创造知识（对硕士生和博士生），这就是能力的培养。我们能很明显地看出高校教育重点的转移，即由传授知识的教育转向方法的训练，转入科学活动组织方法的训练。因此，高校培养人才时，与其说是使其掌握大量具体知识和技能（这是必要的），不如说是培养其获得这些知识和技能的能力。高校的首要任务是教会大学生和研究生思考，培养他们进行独立研究的能力和创造性才能。

通过大学阶段和研究生（硕士生和博士生）阶段的学习，外在知识转化为内在知识，进而具备创新的知识。特别是在研究生阶段，应逐步形成初步的自我知识体系，在本学科的专门领域掌握坚实宽广的理论基础和系统深入的专门知识，具有独立进行科学研究的能力，特别是创造性的工作能力。对于研究生，要求在求学期间，在科学研究上锻炼三个能力：提出问题、确定选题的能力；批评、判断种种假说（假设、方案）和提出、阐述假说（假设、方案）的能力；证明假说（假设、方案）的是非真假的能力。

总的说来，我认为，当代大学所实施的教育，并不是单纯传授现成的知识，而是重在开辟知识的基本途径和方法，培养学生思考的习惯和批判探索的精神，以求获得自动求知和不断研究的能力。

4. 全面发展，努力成才

青年学人应该努力成为一个德智体全面发展的人，一个科学与人文和谐发展的人；他应该积淀祖国优秀文化的底蕴，汲取本民族和人类精神之精华；他应该具有很强的判断力、美的欣赏力、适应变化的灵活性和自信心；他应该具有丰富的历史知识，理解人类文化和价值体系，并把这种知识与其很强的判断力结合起来，批判地思考科学、道德、伦理和社会等问题；他的敬业、勤奋、团队精神以及善于交流的能力使其能与周围的人很好地合作共事，为祖国、人民和社会做出积极贡献。

具体说来，对我们当代大学生和研究生，在品德和素养上大概有以下 5 个要求，可能不全面，仅供参考。

① 要有献身科学、为祖国和人民服务的精神。

② 在学术上要有大志气、雄心壮志，勇攀科学高峰，用自己的学识为祖国服务。

③ 要有追求真理、服从真理、坚持真理、捍卫真理的真诚。

④ 要有谦虚的态度和宽广的胸怀。

⑤ 要有高尚的情趣，能抵制市场经济所带来的种种诱惑。

结 束 语

最后我讲两点希望。

① 新一代青年人要珍惜大好时光，要利用自己年龄上的优势，趁早努力，去追求，去探索。要知道："科学偏爱追求它的年轻人。"

爱因斯坦说："现在，大家都为了电冰箱、汽车、洋房去追逐，去竞争。这是我们这个时代的特征。但是，也还有不少人不追求这些物质的东西，他们追求理想与真理，得到了内心的自由和安宁。"

② 新一代年轻人在新的历史时期，应该多想想以什么样的姿态来报效祖国，来面对未来的挑战。改革开放以来，在中国共产党的领导下，我国的科学技术事业飞跃发展，知识分子得到了前所未有的尊重。祖国为青年一代特别是青年学者的成长开辟了广阔的道路。青年学人只有努力学习，多出成果，才能对得起祖国和人民所寄予的厚望。

我相信，我们的新一代年轻人是不会辜负祖国和人民的期望的。我还坚定地相信，通过大学期间的学习，你们中的绝大多数一定会成为祖国优秀的人才。

作者简介：周立伟，北京理工大学教授、首席专家、博士生导师、中国工程院院士，成像电子光学和光电子成像器件专家，宽束电子光学理论的创立者。1958年，北京工业学院仪器系毕业；1966年，获苏联数学物理副博士学位。曾任校学术委员会主任、校科协主席、校基础教育学院名誉院长、国务院学位委员会学科评议组成员、全国博士后管委会专家组成员、中国光学学会副理事长等职。现任北京光学学会名誉理事长、中国光学工程学会名誉副理事长、建设创新型国家战略推进委员会主席团成员等职。

长期在宽束电子光学、光电子成像领域从事教学与科研工作。发表学术论文、科技报告300余篇，出版学术专著等5部、科普著作6部。培养博士生和硕士生60余人。专著《宽束电子光学》荣获第二届国家图书奖提名奖、第八届中国图书奖和第七届全国优秀科技图书一等奖。科研成果荣获1978年全国科学大会奖，1991年光华科技基金一等奖，1980年、1990年、1995年、1996年部科技进步一等奖、二等奖各两项，1991年、1996年国家科技进步二等奖、三等奖等奖励。

1984 年被授予“国家级有突出贡献的中青年专家”称号；1992 年当选俄罗斯圣彼得堡工程院外籍院士；1996 年被授予“全国兵器工业系统先进工作者”荣誉称号；1997 年被俄罗斯萨玛拉国立航天大学授予名誉博士；1999 年当选中国工程院院士；2000 年当选俄罗斯联邦工程科学院外籍院士。

愿科学与人文比翼齐飞

周立伟

我认为，高校教师和青年学子一定要成为科学与人文和谐发展的人。大学教育应该始终贯穿“以人为本”的思想，永远不要忘记我们培养的是“人”，而不是“工具”。高校不仅应是传授科学专业知识的场所，还应是人文社会教育、人文精神熏陶的园地；要使学生懂得做人是立身之本，而掌握知识是服务祖国、人民和社会的重要手段。

对于高校教师和青年学子来说，人文知识的积累和人文修养的提高是至关重要的。因为做学问，第一步，就要应用语言、文字将自己的思想，所思考、所发现、所研究的事物简单、清晰、明确地表达出来，且在表达的同时厘清自己头脑中的概念及研究对象。含混不清、不知所云的语言、文字正说明思维和逻辑上的混乱。一个人的审美观念是他的整个生命的经历、思考的总积累。因此，人文知识的积累，无论对做学问或是做人都是有好处的，而且影响到人的一生。

人文知识重要，但更为重要的是一个人应具备的人文精神和人文气质。人之所以能称为人，是他懂得区分美善或丑恶，懂得日常生活和为人的一些基本准则：爱什么，同情什么，追求什么，反对什么，什么是高尚的，什么是卑鄙的……

具有丰富人文知识和人文气质的人，身上积淀了祖国优秀文化的底蕴，汲取了本民族和人类精神之精华。他具有很强的判断力、美的欣赏力、适应变化的灵活性和自信心。他具有丰富的历史知识，理解人类文化和价值体系，并把这种知识与其很强的判断力结合起来，批判地思考科学、勤奋、团队精神以及善于交流的能力使他能与周围的人很好地合作共事，为祖国、人民和社会做出积极贡献。我想，我们的大学教育就是要把学生培养成为这样的具有良好的科学精神和人文精神的人。

大学教育的一个重要任务当然是培养学生成才，使他们在一个选择的领域内具有扎实的基础，具有独立的工作能力、批判和推理的智力，使他们学会一些科学方法，能够获取、评价和利用信息来提出问题和解决问题，使他们能将自己获得的知识与科学、技术和社会问题联系起来，并能认识科学、技术和社会之间的交互作用，具有知识上的好奇心和继续学习的动机。所有这些才能的培养，无不与他们审视事物的观念和角度、审美的能力和品位以及人文素养密切相关。

我们评价一个人，除了看他的知识和能力之外，还要看他的人品怎样，为人如何。同样，评价一所大学，除了看它所拥有的教授、博士生导师、院士的数量以及现代化实验室和美丽的校园环境之外，还要看这所学校的校风怎样、学风如何。一个学校的校风、学风，我认为，就是它的办学宗旨、学术追求、科技视野、研究氛围、人文情怀、学习气氛和开放胸襟。

这些也是一所高校的科学精神和人文精神。因此，对高校和科技工作者而言，自然科学与人文社会科学如同“车之两轮、鸟之两翼”，即“人类历史前进的两个车轮、人类文明发展的两个翅膀”，二者相辅相成，缺一不可。学校在传授学生科学知识的同时，必须注重对学生人文精神的培养，只有这样才能培养出全面发展、德才兼备的高素质人才。

关于高校培植、发扬科学精神和人文精神的问题，我有两点看法。一是要思想开放。一所学校要有活力和创新能力，就必须有开放的精神、开阔的视野以及与外界交流的能力。当今的时代，学术与文化的交流至关重要，尤其要重视学科的交叉渗透，重视国内外学科前沿的发展。二是要活跃学术空气，促进学术自由和学术民主。学校要有兼容并蓄的精神，要创造一个宽松的学术氛围和环境。这有赖于两个方面：首先是鼓励探索，允许失误；其次是学术讨论中要有科学、坦率、平等、宽容的态度，争辩双方严肃认真，心平气和。讨论时开门见山，没有顾忌和做作，恪守摆事实、讲道理的原则。

科学精神和人文精神实质上是相通的。如果我们从哲学的角度看，科学精神是一种辩证的、求实的、追求真理的哲学沉思；从社会人文的角度看，科学精神是体现人类在对自然的认识和改造过程中体现出来的求真、至善、臻美的文化精神；从道德的角度看，科学精神是一种独立、诚实、无私、实事求是的品质。科学精神很大部分反映的是个人的人文素养。很难想象，一个人文精神和素质很差的人会有良好的科学精神，使科学研究能沿着正确的道路前进。

我觉得，接受知识需要理性，理性是可以培育的，是可以由老师传授的；而科学创造的灵感很大程度上有赖于悟性，悟性是属于非理性的范畴，是老师教不来的，悟性依靠文化的积淀。只有具有深厚的科学人文底蕴的人，才能激发出科学创造的灵感，从而有异乎寻常的大思路、大智慧、大视野。

在一生的科学活动中，我曾经和国内外很多杰出科学家包括多名诺贝尔奖获得者有过交往。他们不但有精深的学术造诣，在科学上取得了杰出的成就，而且有强大的人格魅力和很好的人文气质。他们的文章记载了他们的科学研究成就，也反映了他们的道德风范和人文情怀。我从他们身上学到了很多东西。诺贝尔奖获得者杨振宁先生不仅是一位伟大的物理学家，而且是一位具有儒者风格的科学家。同样，我国著名光学家，被人称为“中国光学之父”的王大珩院士，中西精通，文理交融，具有博大精专、高深造诣的学术素养。我与他曾进行过多次讨论，他对文字表达是十分认真、讲究的，思维是十分活跃、缜密的。多年的交往中，我深深感到他的科学精神、人文气质和人文关怀。他们两位的学术成就与他们的人文精神密切相关。正如爱因斯坦评价居里夫人那样："第一流人物对于时代和历史进程的意义，在其道德品质方面，也许比单纯的才智成就方面还要大。即使是后者，他们取决于品格的程度，也远远超过通常所认为的那样。"这番话既说明了科学家学术创造的人格特征，也说明了科学家极为需要人文精神。

一个学校的好校风和好学风的形成包括科学与人文氛围的形成和科学与人文精神的传播，只有长时间不懈的努力，一步一步踏实去做，一代一代传下去，才能形成一个好的传统。我们已经进入了21世纪，在新世纪中，认识世界的重大发现和改造世界的重大成果，都将有赖于自然科学和人文科学的结合。这就要求创新人才必须形成较为完备的知识基础：科学知识是客观世界的知识，人文知识是精神领域的知识。因而，高校培养创新人才，需要从人的综合素质和社会文化进步的高度，促进科学教育与人文教育的融合、人文气质和科学精神的合璧，促进人的全面发展。

在去年的一次校外演讲中，我给那里的科技人员赠送了这样四句话："做人中学做学问，做学问中学做人。做人做真正的人，做学问做大学问。"

做人需要人文精神，做学问需要科学精神，而人文精神与科学精神又是贯通的。我衷心祝愿每一位青年科技工作者都能成为一个真正的人、大写的人，并有志气做大学问。

注：全文转自《发明与创新》期刊2005年第2期。

做人、做学问、做论文
——培养博士研究生的一些体会

马宝华

每一位新入学的博士研究生到我所在的学科点，我与他们的第一次谈话都会明确说明对他们未来三年博士生学习的期望：如何做人；如何做学问；如何完成博士学业，做好博士学位论文。十多年来，我指导了近20位博士生，我与他们每个人都曾做过这样的交谈，而且这些贯穿于培养的始终。

首先是如何做人。这是关于世界观和人生观的教育，应摆在博士研究生乃至硕士研究生、本科生教育的首位，不但从理论上讲如此，而且在实践上，特别是导师的指导上，也应如此。

关于世界观、人生观的教育，容易被忽视，作为研究生指导教师，往往会认为研究生已经比较成熟，有的已工作过几年，关于做人的道理他们已经明白，无须导师再多说什么。作为研究生，随着社会主义市场经济的逐步建立与深化，他们在择业、工作上面临着日益激烈的竞争，这很容易使他们把“多学知识、增长能力、提高自身竞争力”摆在十分突出甚至是首要的位置，而忽视了世界观的培养。

随着改革开放的不断深入与扩大，社会主义经济建设对高层次专门人才提出了更高的需求，高等学校研究生道德教育面临着新的形势和新的任务。在这种形势下，必须树立“大德育”的意识，围绕培养德智体全面发展的高层次专门人才的总目标，全方位地开展德育工作。其中一个重要的环节，就是结合研究生的业务培养，以潜移默化的形式进行世界观、人生观的教育。

我的一些做法是：结合学位课程进行历史唯物主义的教育。在给研究生上学位课时，我把本学科的发展史以及在各个阶段做出突出贡献的人物作为专门一节向学生介绍，引导学生以历史唯物主义的观点分析过去、观察现在和思考未来，正确认识个人在科学技术发展中的作用。结合本学科当今面临的热点、难点问题，激发学生的爱国主义情感，增强他们的责任感和事业心，培养他们的奉献精神。结合对本学科发展及关键技术突破艰辛过程的介绍与分析，引导他们认识到一个团结奋进的集体对个人成长所起的至关重要的作用，增强他们的集体主义意识，引导他们正确处理个人利益与国家利益、集体利益及他人利益的关系。这些教育都是从具体的技术问题引出的，但需要向德育方面“发散”“收敛”在世界观、人生观教育这个

“点”上。

对导师来说，对研究生进行世界观、人生观教育，更多的不是向研究生讲，而是导师自己去做。由于研究生的论文大多都是导师所承担的科研课题的一部分，在导师争取课题、处理与兄弟单位的合作关系、与学科点内其他教师的合作关系，包括经费分配、任务分配、成果分享，乃至报奖的名额分配与名次排序等具体问题上，都反映出导师本人的人品，这些对研究生的影响有时比课内外的说教更生动、更深刻，也更有效。如果导师本人在具体工作中没有表现出奉献精神，没有把国家利益、集体利益摆在个人利益之上，再去教育研究生要正确处理这些关系，就失去了起码的说服力。身教胜于言教。

其次是如何做学问，即学风教育、科学方法论教育，这些要比做好学位论文重要得多。我经常向研究生强调：“做好论文只管一阵子，学会做学问要管一辈子。”

对研究生来说，学好规定的学位课程、拿够学分，出色完成研究任务，写好学位论文，顺利通过论文答辩，拿到学位证书，这些是摆在他们面前十分现实的任务。因此他们一入学，首先要找导师商量的就是制订培养计划、选课和选课题，而对于如何做学问这一较深层次的问题，经常考虑不到。

对于博士研究生来说，他们毕业后都是各个单位的业务骨干，其中不少人将成为学术带头人或不同层次的领导人。因此，对他们的培养绝不能仅着眼于做好论文，而要结合学位课程和学位论文研究，进行学风教育和科学方法论的教育。

在学风教育中，我比较注重实事求是精神、创新精神、质疑精神和“三严”（严肃、严格、严密）精神的培养。我经常结合具体技术问题向研究生介绍自己的认识发展过程，做技术上的“自我批判”，目的是引导研究生要从事物的本质、事物的发展中去认识事物，鼓励学生对自己的见解提出质疑。尽管客观上存在师生关系，但在科学面前人人平等，学生应无偏见地追求科学上的真理。

在引导学生发挥创新精神，树立科学研究自信的同时，还要引导他们避免主观片面性，特别在自认为是有创新意义的技术问题上，要能够冷静地听取不同意见乃至反对意见，这对“血气方刚”的年轻人，特别是“有本事”的年轻人来说，有时是很困难的。这就需要导师的循循善诱，提高他们的科学修养，真正做到“闻过则欢”“闻疑则喜”。

在对待技术权威的问题上，要教育研究生不要迷信权威，要敢于大胆提出自己的独立见解，但并非不尊重权威，不要简单地怀疑一切，狂妄自大，要用理性精神和科学态度对所争论的问题做出客观的分析。引导学生运用严密的逻辑推理和严格的实验来否定或肯定某种学术见解或技术方案，既要客观地评价他人的研究成果，又要欢迎他人对自己的研究成果进行评价乃至批判。

关于如何做学问的教育，从论文选题、文献综述、论文研究的进行直至毕业论文答辩都会遇到。在论文的撰写中，除对论文中心内容的撰写给予具体指导以外，我对研究生的文献综述、论文总结与自我评价也十分重视，经常是和他们在一起仔细推敲和修改，通过修改，引导他们对前人的成果和自己的成绩均抱实事求是的科学态度。

关于科学方法论的教育，对工科研究生来说主要是关于技术哲学的教育，即将技术问题上升到哲学高度去思考，对于本学科领域的技术关键及其发展进行哲学高度上的理论思维。恩格斯在《自然辩证法》中曾指出："一个民族要想站在科学的最高峰，就一刻也不能没有理论思维。"有些人以为技术就是技术，似乎与哲学无关，这至少是一种片面性的认识。就"技术"的一般属性来说，它是人类按其需要和目的改造客观世界而进行的物质、能量和信息的交换。为了更有效地进行这种交换，就必然要建立具有一定普遍性的、基本的概念、原则和方法，这些技术概念、技术原则和技术研究方法是从人类的实践中抽象和提炼出来的，它们都属于技术哲学的范畴。我在专业学位课中，专门有一章讲授本专业的工程设计哲学，并且通过自己所主持的型号研制项目和预研项目，向研究生介绍如何运用工程设计哲学指导具体的产品设计。

最后是关于如何做好论文，这方面许多博士生导师都积累了丰富的经验。我这里仅强调一点，即关于论文的创造性。在帮助研究生选择论文题目时，我非常关注可能具有的创新点和创造性。由于研究生论文课题大多是从我们从事的研究领域中选择的，我特别强调研究生要站在导师的肩膀上向本学科更高的高度攀登，鼓励学生做出比老师更出色的成果，超过老师。我经常对研究生说："能培养出超过自己的学生，不仅说明学生有本领，也说明老师有更大的本领；培养不出能超过自己的学生，不仅说明学生没本领，更说明老师没有更大本领。"只有后人超过前人，社会才能不断向前发展，"青出于蓝而胜于蓝"，这是一个颠扑不破的真理。

十多年来，看到自己培养的博士研究生在各自的工作岗位上不断做出了新的成绩，内心感到十分欣慰。不少毕业的博士研究生已成为所在单位的业务骨干，有的已成为学术带头人。例如，高敏博士，现任军械工程学院弹药系主任，并受原总装备部的聘请担任某专业组成员，这是全国本学科领域最高层次的技术咨询机构。又如孟立坤博士，毕业后转到经济领域工作，由于他和周围几位技术骨干的勤奋努力，使所在公司的效益有很大的增长。在他的倡导下，公司出资 100 万元在我校设立了"兴华奖励基金"，奖励在教书育人中做出突出成绩的教师和品学兼优的学生。这是我校继徐特立奖学金之后第二个总额达 100 万元的奖励基金，这也表达了孟立坤同志不忘母校培育之恩、报效国家和母校的一片赤子之情。

作者简介：马宝华，1934 年 8 月生，中国引信技术专家，原机电学院教授，祖籍河南夏邑。1957 年毕业留校任教，2008 年 3 月退休。曾任原总装备部科技委兼职委员，国防科工局专家咨询委员会委员，《探测与控制学报》编辑委员会主任委员。目前，担任中国兵工学会引信技术专业委员会名誉主任委员。长期从事引信技术和武器系统与运用工程教学及科学研究工作，在我国率先主持中国引信系统分析、优化与总体设计研究，对引信系统分析及引信现代设计理论与方法的建立，推动中国引信技术的发展和引信技术高级人才的培养做出了贡献。曾主持武器装备研制项目4项，获得国家技术发明二等奖、国家科学技术进步二等奖各1项。出版《引信构造与作用》教材，并获国家优秀教材奖。1988年获得“国家有突出贡献中青年专家”称号。

期望与嘱托

——与青年大学生谈求知、做人与创业

魏宸官

能够考入大学，特别是国内一流大学，成为一名大学生，可能是目前一个年轻人最值得骄傲的事情。因为，四年的大学学习生涯，可能是一个年轻人实现自己美好人生和理想追求的起点，更可能是一个人获得在未来建功立业所需知识和技能的发源地。总之，是一个年轻人一生成长和成才的关键时期。因为在这一时期，正是一个年轻人开始思考人生的价值和一生应该如何度过的时候，更是一个年轻人根据对人生的思考、个人兴趣、爱好和专长学习和掌握一技之长，以便在未来服务于社会、人民和祖国，实现自己的理想和追求的关键时期。为了使青年朋友在未来的生活中少走弯路，我愿意作为一个过来人，与大家谈一点期望与嘱托。

一、求知、做人、创业要有正确的指导思想

“教书育人，育人为本，德育为先”是我们的教育方针，作为一名老教育工作者，我觉得“德育”是指教导学生如何做人，这是一件非常重要的事情。因此，我想也应该和大家探讨一下这个问题。要知道“人的一切行动，都是受人的思想支配的”，“一个人有什么样的思想，就会有什么样的行动”。指导人的行动的思想，最重要的是什么呢？是人生观。我想有一个问题应该是大家都要考虑的，即你活着是为了什么？回答可能是各种各样的。活着为什么啊？就是找个好的工作、有较好的收入，结婚、成家、立业。当然，有这个指导思想允许不允许呢？允许。可是，作为一名高级知识分子来说，是不是应该有更高的理想呢？

奥斯特洛夫斯基写的《钢铁是怎样炼成的》中有几句话，影响了我一辈子。而且我也经常给我的学生讲这几句话，因为我觉得它使我一生受益无穷。他讲的这句话是：“人生最宝贵的是生命，生命对于人来说只有一次，因此，人的一生应该这样度过，当他回首往事时，不会因虚度年华而悔恨，也不因碌碌无为而羞愧。”

这句话看起来很简单。“不虚度年华”你能够做到吗？中国也有句古话，即“一寸光阴一寸金，寸金难买寸光阴”。大家都能背，可是各位是否认真想过，“人生最宝贵的是生命”这句话的含义！大家能理解这一点吗？虚度年华就意味着虚度生命

啊！虚度年华为什么会悔恨？因为你把宝贵的生命浪费掉了。这里我举一个小例子，同学们，你们现在二十多岁，时光正好，劝你们要珍爱生命，你们就会想，我还年轻，有几十年可活呢，来日方长，离死还早着呢。虽然谁都知道生命可贵，但他对生命可贵的真实体会就不一定那么深。反之，如果某个人突然得了一个不太好治的慢性病，比如说还可以活个十年八年，恐怕他就得考虑考虑了，虽然还有十年八年，但终究生命和时间已是屈指可数了。而如果他突然得了癌症，医生告诉他活不了几个月或者几天，这时可能他就会立刻想到生命一分一秒的可贵了，也许才知道不应该虚度年华的真实含义了。因此，每个人都要珍惜每一刻的时间，千万不要因虚度年华到老时而后悔。“少壮不努力，老大徒伤悲。”

二、成人不要管、要管不能成人
——做人处世要有高度的自觉性

“成人不要管，要管不能成人”是我中学时代一位老师对我语重心长说过的一句话。在我一生求学的过程中，中学、大学，一直到研究生，教育过我的老师非常之多，他们对我的教育和成长说过很多的话；但不知为什么，只有这位老师的这句话，使我终生难忘，并在我的一生成长过程中，起着不可估量的作用。

对我说这句话的老师，是我初中二年级的一位美术老师，他教我们美术和劳作（当时教我们竹刻）。美术课，在整个教学过程中并不是主课，这位老师的地位，也只是一般的老师，但是他不仅用这句话影响了我一生的成长过程，而且他的音容笑貌也深深地留在我的心中。他慈祥和善，戴一副金边眼镜，衣着整洁，一看就是一个很有修养的文人。他教美术，肯定和他爱好琴棋书画的生涯有关。这位老师姓张，我一生都会记住他。

我记住这句话，并把它看得那么重要，是因为它使我在人生成长过程中，从不自觉走向了自觉。

“自觉”，在当时我下意识的理解就是，做什么事情都应该是自己主动积极去做，而不是在别人的强迫干预下去做。那时候，我认识到的就是，一个人要搞好学习，应该是自己主动积极地去学，用不着父母、老师逼着去学。

后来，我才深刻认识到，“自觉”，这是人生道路上求知、做人和创业的主要动力，没有“自觉”的意识，什么工作也做不好。

我们党就是很强调“自觉”的。一个共产党员参加革命，靠的就是自觉，也就是觉悟。只有真正志愿参加革命，并愿意为它奋斗终生的人，才能成为一个真正的革命者；只有这样的人，才会不惜抛头颅、洒热血，为了理想的实现而奋斗终生。如果参加革命是被动的、不自觉的，我想他是不会为革命而牺牲一切的。

总之一句话，没有自觉意识，什么事情都做不好。

我这么看重张老师的教诲，就是从他这句话开始，觉悟到了一个人必须要有自觉性。

听到张老师这句话的时候，我正是一个初中二年级的学生，年龄十三四岁，正由一个不懂事的少年走向青年时代。由于孩提时代的天性，这个年龄的孩子大多数贪玩，不认真学习。我那时候就是这样，学习成绩的好坏，全依靠天赋、小聪明和良好的记忆力，没有自觉刻苦学习的精神。这种状况，在小学时代完全是可以被理解的。但是到了中学时代，有些东西不能单凭记忆，当需要刻苦用功去理解和实践的时候，小聪明就不够用了。因此，有时成绩就不理想。这时候，迫切需要解决我的好动、贪玩和不认真刻苦学习的问题。当学习成绩不好的时候，就要面对来自家长和老师的责备和压力。当时也有点紧张和苦恼，但不知道怎么样才能扭转这一局面。

回忆往事，正是张老师的这句话使我猛然开窍。

用现在的认识来回忆当时，我觉得最大的问题是不明白学习是为了什么，譬如说，我为什么要上学，上学校念书是为什么，等等。

如果说读书学习的目的，有什么人告诉过我的话，那似乎就是我的母亲。她常常在我们不认真读书的时候会说："你们现在不好好念书，长大了以后怎么活下去！"这句话使我理解到"上学读书的目的就是长大以后在社会上能找到一个工作"，或者说"读书是谋生之路"。

但这种教育并没有激发我学习的自觉性，念书和谋生，在当时实在是挂不上钩的，现在不是每天回家都有饭吃吗？因此，我在那时的学习是被动的，是被强迫去干的。学习让我感到的是一种负担，我把它当一种苦差事，因此，对学习缺乏主动精神。总之一句话，学习没有自觉性，不是个人的内心非要学习不可。那时的学习是受父母之命，不得不学。没有积极性，当然学不好。

我感谢张老师教诲我的这句话，是因为从此以后，我突然感到学习不是为别人。的确，学习为什么一定要在别人管教之下才去做呢？如果每时、每刻、每门课的学习都受别人指挥才去学，那怎么可能呢？此时我确实想到要学习好，只有自己管自己。首先自己要有上进心，有自己感到非学不可的愿望，而且要学就一定要学好，把学习看作是自己成人、成才的终身大事。

自从理解了张老师这句话的深刻含义之后，我的学习面貌有了很大的改观。首先学习的自觉性大大提高，常常很早起床，开始背诵和记忆一些需要记住的东西，如古文的背诵、外文单词的记忆等，学校布置的作业一丝不苟地及时完成。总之，知道了学习必须刻苦，必须认真，必须竭尽自己的一切能力。这种状况不仅在初中时是这样，后来在高中的学习以及大学的学习中，我都一如既往。我想我这一生，如果说在学习上能够一帆风顺，取得良好的成绩，除了老师的教学质量高以外，个人的自觉努力也起了重要的作用。正因为如此，我在中学学习中，成绩始终优良。例如，在省立常州中学高中毕业时，我是以本年级总分第一名的成绩结束高中学习的，我获得了学校颁发的第一名的奖状。此外，在高考时，我一举考取了当时著名的三所大学，即清华大学物理系、哈尔滨工业大学机械系以及华北大学工学院的汽车系，而且三次考试都名列前茅。我的考大学问题没有让老师和父母操一点心，总之十分顺利，而且成绩理想，使父母和老师为我骄傲。

不仅在学习上如此，此后在我的科研、教学工作中，这种要求自己自觉努力工作的精神，始终存在。在任何情况下，都能够刻苦、认真、兢兢业业地去工作，并取得成就。

因此，我一生都难忘“成人不要管，要管不能成人”，因为这句话使我受益无穷。

在这里我也感到了一个教师的责任。不错，在我们的一生中会接受众多老师的教诲，而且每一个老师可能对我们说过成千上万句教诲的话，但留在一个学生心中的不一定很多，只要有一句话，能够触动学生的心灵，就可以使他终身受益。我自己也是个教师，我希望在对同学们的教学过程中能有一句话，使他们永远记住，并对他们有所帮助。

三、别人能做到的，我也应该能做到
——做人要有志气

在一个人学习和工作的拼搏生活中，我觉得需要有一种“不服输”和“永争第一”的精神。因为这种精神能激励人们奋发向上，不畏艰难去取得最好的成绩和领先的地位。

不知由于什么原因，也许是遗传因素，我生来（从小时候进幼儿园开始）就十分好胜。与小朋友和同学们在一起，做什么事情都不甘落后，都想争先。和小朋友在一起比赛跑，总想比别人跑得快一点；在一起比跳远，总想比别人跳得远一点；如果比不过人家，过后，就会动脑筋、想办法、下功夫，争取超过别人。到了小学，每门课程考下来，总希望得到的分数能比同龄人多一点，别人能考一百分，自己也一定争取得到一百分。别人能是第一，自己也一定努力，争取得到这个名次。到了初中和高中时代，也是这样。有一次考几何，成绩不理想，就下功夫，把老师出版的《几何学题解》借来认真看，期末考试，本来要考一个小时，我用半个小时就交卷离场，而且还是一百分。另外，语文课，在作文方面，没有受到老师的点名表扬，就会暗下功夫，挑灯夜战，冥思苦想，一定要写出一篇令老师认为“好”的文章来。至于数、理、化的学习就更不用说了，除了靠自己在这些方面有一定的小聪明之外，还加强了课外的自学，广泛阅读了许多国外同类学校的参考书，甚至国

内大学一年级的一些课程内容。所有这些，造就了我在高中毕业时，三年各科学习考试的总成绩名列本班的第一，而且，还获得了省立常州中学高中毕业时的第一名奖状。

在大学学习和以后的教学科研工作中，我发觉“不服输”同样是我取得成绩的重要动力。而且，在实践中，逐渐总结出这样几句话，那就是“别人能做到的，我也应该能做到”“天下无难事，只怕有心人”。只要有那种“不服输”的志气，别人能做到的事情，你一定也可以做到。当然，其中的关键在于你自己。

就是在这样的一种精神的指导下，在一生中，我确实做到了许多我立志要做到的事情。例如，在高中时，我就读于省立常州中学，这所中学在江苏省也是有名的中学之一。但我立志要在这所中学取得最好的名次，这个愿望我实现了。设想一下，在一所重点中学高中毕业时，要取得年级的第一名，在人们心目中曾是一个难以达到的目标，但是我达到了。又如，考大学时，同时代的同学们都想考清华大学，并且认为这是一个很难实现的愿望，但我立志考取这所大学。这个愿望我也顺利地达到了，而且，考取的是清华大学最难考和要求分数最高的一个系，即清华物理系。到了清华以后，我才知道的确如此。当时考取物理系的都是南方和北方一些有名中学的顶尖学生，如上海中学、南洋模范中学、北京师大附中、省立杭州高中，等等，而省立常州中学考取此系的就我一个人。

参加工作以后，这样的事例就更多了。例如，在流体传动中，液力传动的液力变矩器，在20世纪五六十年代是一项车辆传动中的新技术。但是在此领域，正发展一种能量解法与动力装置获得最佳匹配的变容能液力变矩器，亦称双系轮液力变矩器。那时，只有美国人搞成了这种产品。在国内，当时是一无资料，二无样品，但上级部门提出了研制此产品的任务。那时，有几家合作单位，讨论承担不承担这项任务的问题，会上很多人认为此事很难完成，把它推到了我的身上。我知道任务很艰巨，而且别的单位不搞是因为畏难，可那时我横下一条心，心想“美国人能干成，我们为什么干不成”。在会上我说了一句话：“这个任务我承担了，即使完成不了，我想也不至于杀头吧？既然如此，我就承接了。”任务是很难，但在不服输的精神指导下，在“天下无难事，只怕有心人”的志气鼓舞下，我们克服了一道道难关，首先是把它设计出来了，然后把它制造出来了，而且在试验台上试验时，居然成功地运转起来了。在当时，这一成功，使我们在此领域，确实达到了世界水平。又如，后来使我们获得重大成功和荣誉的液体黏性调速传动——“奥美伽离合器”，也是这样。当时，人们认为利用液体黏性和油膜剪切来传递动力是不可思议的，特别是利用这一原理，来发展大功率的无级调速传动装置，其难度可以想象。那时，也是一无资料，二无样品，一切从零开始，而且，我们的第一次试验是失败的，但是经过四年的努力，这个新产品居然让我们搞成了，而且设计上颇有我们的独特构思，后来成功地投入了生产，被一些工厂、企业所使用。由于这一产品的开发成功，我们不仅获得了部级科技进步一等奖，而且获得了第35届尤里卡国际发明博览会授予的个人发明最高荣誉奖级——一级骑士勋章。这一事实，使我有充分理由肯定我的信念，即别人能做到的，我也定能够做到。记得在我获得一级骑士勋章时，学校为我们召开了庆功大会，我在大会上说："这项最高发明荣誉奖的获得，使我深信在祖国这片土地上，也可做出使外国人授予我们最高荣誉奖的发明，没有理由认为中国人只有到国外，才能做出使外国人承认的发明。"

在我一生的学习和工作生涯中，从"不服输"和"永远争先"开始，逐步走上"别人能做到的，我也应该能做到"，到后来则"外国人能做到的，我们也应该能做到"。到了晚年，我曾经想，在这种思想引导下，能不能实现"别人认为不能做到的事，我也应该试一试去做到"呢？一句话，就是能不能把上面的话变成"别人没做到的事，我们要把它做到"和"外国人没能做到的事，我们也能够做到"？因为，目前我们已经处于一个知识经济时代，国家和人民要求知识分子能够在知识和科技领域做到真正的创新和世界第一。

作者简介：魏宸官，1933年8月生，原机械与车辆学院教授，我国电流变技术研究课题的首创人，祖籍江苏常州。1954年参加工作，2001年3月退休。曾任北京理工大学学术委员会副主任委员，北京理工大学军用车辆工程国家重点学科第一学术带头人，全国高等院校车辆工程专业教学指导委员会主任委员，中国兵工学会学术工作委员会委员。曾在英国谢菲尔德大学、利物浦大学、德国柏林工业大学做访问学者。在近50年的教学生涯中，共培养了硕士研究生23名、博士研究生21名，指导博士后7名。所编著的《坦克理论》《履带行驶装置行驶原理》获兵器工业部科技进步奖。在"液体黏性传动技术"领域，成功开发奥美伽离合器，获兵器工业部科技进步一等奖。专利产品"军用车辆冷却风扇温控调速离合器"获国家发明奖、兵器工业部科技进步奖。

假如我能再当一回大学生

——大学生的学习方法之一①

万春熙

知之者不如好之者，好之者不如乐之者。

——《论语》

大学是迎接人生挑战的训练场，是提升我们自身全面素质、奠定成才基础的重要阶段，与大学的相遇是我们人生中的宝贵机遇。

大学校园里拥有适合青春绽放的土壤和气候（学习的环境和氛围：老师、同学、课堂、实验室、图书馆、运动场、学术讲座、社团活动……），提供了人生难得的机缘。

在大学里有丰富的学习资源，但最珍贵稀缺的资源就是——时间！大学本科只有四年时间，总计不到 1 500 天，其中还有三分之一以上的时间是节假日。如何在有限的时间内学习到最大量的知识呢？珍惜大学校园里的每一天，以最高的效率度过每一天。

一、志　于　学

1. 设定大学期间的学习与生活原则

首先确定几条原则，即自我设定进取方向、目标和座右铭。建议从以下三条基本原则入手。

原则一，要立志，就是要有坚定的目标。“学”是当前目标、最低目标。要学得真本事，为更远大的志向打下坚实的基础。

原则二，要求实，就是要在有限的时间内取得最优的学习效果。所以，要掌握高效率的学习方法。为此必须排除一切干扰，摆脱一切无益的幻想或琐事。

原则三，要德、智、体、美、劳全面发展。“学”是笼统的目标，具体来说，就是德、智、体、美、劳全面发展。

① 尚有“大学生的学习方法之二”，将寻机发表。

狭义的“学”通常被理解为“智”，“智”的发展并非单兵独进，需要“德、体、美、劳”的并驾齐驱。只有“智”与“德、体、美、劳”全面发展才真正达到了“学”的目标。

在大学阶段，要正确认识智商和情商。人的智商具有较大的稳定性，能提高，但难于快速提高。可是情商的稳定性却较差。在某些情况下，人的情商可能急剧恶化。但有些情况下，人们也能快速提高自己的情商（把握自己的内心世界，掌控自己的思维方式和思维方向……）。所以大学生应持续地把握自己的内心，有意识地巩固和提升自己的情商。提高情商的问题，涉及“德、体、美、劳”，而且也还涉及“智”。情商属于全面素质中比较活跃的部分，必须时刻自我关注情商对学习效率的影响。

2. 重视基础学习

大学的学习要重视基础理论的学习。基础理论知识是人类智慧的结晶，是无数智者对已经探索明白而且经过实践考验的大自然基本规律的总结，是文化瑰宝。只有人类才能积累并传承知识，通过知识的传承，实现群体的加速度进化。大学正是人类进行知识积累与传承的场所。人类是大自然的幸运儿，大学生更是人类中的幸运儿。自己懂得自己是幸运的、并能充分把握和发展自己幸运机遇的人，才是真正幸运、能持续幸运的人。

大学的前两年，主要的学习内容就是基础理论。大学生必须尽快地适应大学生活的特点，投入基础理论的学习阶段。只有在学好基础理论知识的同时，掌握有效的学习方法，才能高效地学好专业学科知识。

今天的基础是明天进入人类知识宝库的台阶；今天的学习是明天发展和创新的准备。

二、如何在学习中培养兴趣，获得美感与快乐

大学生的学习要求更多的自主性、更多的独立思考。学习中是否具有自主性、主动性和善于思考，是能否成为优秀大学生的关键问题。

发挥学习主动性的关键是培养兴趣。兴趣是最好的老师，兴趣是发自内心的动力。任何学科知识，只要你对它产生强烈兴趣，就肯定能学好它。兴趣是可以培养的。

1. 认识学习功用

说到兴趣，首先要解决的是学习的功用，解决为什么学、学什么的问题。“学习这门课程有何用处？”—— 这是每位学子心中的第一个问题。

就像“天生我材必有用”一样，在人类知识宝库中出现的任何一件瑰宝必定有其珍贵之处，关键在于你是否识货，还要看你如何掌握它、运用它，以及能否发展提升它的价值。当然，知识也有“市场因素”，但市场是变化最快的事物之一，是眼光短浅者的陷阱，尤其是那些“追风族”的陷阱。比如，基础理论的学习，是大

学最稳健的投资方向。基础课、基本的学习方法和学习能力等，基本功的锤炼是大学生收获的第一桶金。

实话实说，在整个大学期间将要学到手的那些具体的课程和具体的知识，在以后的实际工作中能够直接发挥作用的，不会超过30%。那么为何还要学习它们？学习它们到底有什么用？

第一，它们是掌握基本学习方法和提升学习能力的载体，只有在学习这些具体的知识的过程中，才能领会、体悟并掌握学习方法和学习能力。

第二，它们是以后学习更专业或更高层级知识的基础和必经的阶梯。

第三，这些属于人类知识宝库中的基础部分的知识，是构成人类文明的基础，也是培养每位大学生全面素质的基础。

"学有何用？"这个问题的解决，将是一个动态的过程。随着大学生眼界的开阔和认识的深化，这个问题还会变化更新，并不断引导其学习的兴趣和方向。这时最忌"这山又看那山高"的心态，最忌喜新厌旧、犹豫彷徨。在战场上，拿在手里的武器就是最好的武器。在课堂上，你面前的课本就是你最需要的知识。人生的过去和未来都只是当前一瞬间的积累和续存。尽管你壮志凌云、宏图远大，你也必须把自己当前拥有的资源作为支撑点，还要把它打造成可以依赖的根据地。

2. 关注兴趣的品质

兴趣（和财富一样）具有"品质与数量"两方面的指标。高品质的兴趣才能历久弥新、自我增值；低级趣味则如垃圾食品，可能令人倒胃呕吐。至于恶质趣味，犹如毒品，将会戕害那些意志薄弱者的身心，毁掉他们的灵魂和命运。所以，必须关注兴趣的品质。

功利性的兴趣是对各种现实利益关系的关注。这种关注，主要来源于人们内心深处的责任意识。婴幼儿是没有责任意识的，随着成长才有了责任意识；责任感正是成熟的标志。责任心是人格的重要部分，是觉醒的人性。

责任意识有多个层次，每个人都至少有三个层次的责任意识：第一层是对自己切身利益的关注，源于对本人毕生事业和命运的责任感，这是基础层的意识；第二层是对亲人利益的关注，源于对亲人的责任感，这是稍高层的意识；第三层以上是对一切同自己休戚与共的个体、集体及全社会利益的关注，源于对这些利益共同体的责任感，这是更高层的意识。一个人不可能（也不应该）只考虑自己，完全不顾他人，否则他将不可能立足于社会；一个人也不可能只单纯地关注某个高层次的责任，完全不负其他责任（至少他需要最基本的生活自理）。多个层次的责任意识有着密切不可分割的关系，是相互支撑与依赖的（是矛盾的同一体）。在每个人的责任意识中各层次的厚重程度以及关系构成，就是他的责任意识的整体品质，映射为相应的兴趣之品质。

所以，大学生应该把心胸打开，把眼界放开，向远看，向高看，把自己的责任感（或兴趣）挂钩于尽可能高一些的事业层次。虽然这是较难达到的高层次，但只要向往这种天下为己任、济世为情怀的境界，你的兴趣品质自然就能动态地提高。因此，高度的责任心会赋予高度的责任感，这种责任感会激励你迫不及待、如饥似渴、分秒必争地投入学习。学习兴趣（或动机）的层次与格局，将映射为你未来事业发展的层次与格局。

品质最高的兴趣，是对科学真知之“美”的发自内心的欣赏与追求。

所谓“书中自有颜如玉”，本质含义应该是要发现学科对象的“美”。科学真知乃是“真、善、美”，值得大学生为之全心全意地付出。

科学真知的真、善、美，源于大自然本身。大自然将其奥秘的规律深藏了何止百亿年？只是在文明出现后，尤其是近代科学兴起后的几百年来，人类逐渐发现了大自然的奥秘，初步揭开了大自然奥秘面纱的一角；虽仍朦朦胧胧，但已为其所震惊。

大自然连同其规律是真，是纯真。已被人类发现的那些大自然的规律，与变化无穷的大自然（本体）相比，真是太简明、太单纯了。人类已知的有限的若干条规律（这些已知规律的内容仍在不断扩充和更新），支配着千变万化的现象，也支配着人类的命运。这是真中之真，是纯真。

大自然连同其规律是善，是至善。大自然允许人类探寻、发现它的奥秘规律：“我的规律就在这里，你们来发现吧，掌握吧、运用吧。”这是大自然无私的胸怀。大自然还允许人类把大自然自身的“血肉”作为“资源”（必须在造福于全人类、有利于大生态、可持续发展的原则之下，否则将受到大自然的惩罚）。这是大自然的慷慨奉献。人类今天达到的一切物质文明和精神文明成就，追根溯源都是来自大自然及其已被揭示的规律。所以，它是善中之善，是至善。

大自然连同其规律是大美。大自然及其规律的一个特征是高度的和谐。万事万物的美，都离不开和谐。只要你深入而且全面地学习研究，必将日益感悟到：一切具有真理性的科学规律都是相通、相连、互补的。各个学科之间，各条规律之间，条理分明、井然有序，却又你中有我、我中有你、日益融合为一个整体。这种高度和谐之美，宏伟壮丽、深广永恒、无与伦比，是谓大美。

总之，科学真知反映着真、善、美的大自然及其规律，确实值得为之倾心奉献，“衣带渐宽终不悔，为伊消得人憔悴”。随着学习的深入，你会越来越深刻地发现科学真知中的美，你将更加沉迷其中、乐在其中。这种审美的、发自内心的、持续的追求，其兴趣之品质最高；这种高品质的兴趣能带来无穷无尽的力量。

3. 兴趣可以自我培养和激励

人类天性具有好胜心和好奇心。如果你对某些学习任务缺少兴趣，那么，你可以试着召唤自己潜伏的好胜心和好奇心。好胜心可以引发功利性的兴趣；好奇心可以引发审美性的兴趣。

（1）通过召唤好胜心自我培养和激励学习兴趣。

儿童大多喜爱游戏，因为游戏一般蕴含挑战性，游戏能满足儿童的好胜心。近代幼儿教育提倡“寓学习于游戏”，是很有成效的方法。青年以至成年人的学习也可仿效这种策略。

我们只需要把自己的全部学习任务分解为一些局部的、阶段的、可具体执行的任务，相应地设定一些具有挑战性的目标，就可以把学习过程当作某种游戏过程。兴趣的建立可能只在一念之间。

类似于游戏的成功或失败会影响儿童的好胜心一样，学习成绩进步总能提升学习者的兴趣，而成绩退步会消减兴趣。

最能够让学习者兴奋的事情就是不断感受到自己学业的进步，学习的兴趣和学业进步之间将构成一个良性循环。学习者要善于使自己进入这个良性循环。善于教育子女的父母都不依靠责罚，而是及时恰当地给予子女鼓励和奖励。大学生也要善于在取得学业进步的时候鼓励和奖励自己，要使最微小的进步也成为激励自己的力量。

反之，在学习中如果遇到暂时的挫折，绝对不要灰心丧气，而要冷静反思、找到症结所在，针对性地改进学习方法，尽快地把失败转化成胜利（绝不允许陷入“失败→兴趣减退→再失败”的恶性循环）。反败为胜是最重要的胜利。

游戏的铁律就是不可能只赢不输；人生的常态也是成功与失败交错出现。大学生们有必要尽早培养自己善于把失败转化为成功的心理素质以及善于冷静反思的思考习惯。初步成功后，更需要谦虚谨慎、不骄不躁、持续进取，尽快进入良性循环。

（2）好奇心可以引发强烈的学习与研究的兴趣。

人类的好奇心具有极强大的力量，科学发展的历史已经展示了这个力量。我们在学习（与研究）中也应发扬与运用自己与生俱来的好奇心。

我们周围的世界充满了秘密：飞机为何会飞？汽车为何会跑？自行车为何不易倾倒？电视屏幕为何能显示图像？手机为何能跨越万里随时传递信息？……这一切都会引起我们正常的好奇心，更别提那些人类尚未探索的宇宙间最深层的奥秘。所以，当你拿起一本教科书或参考书的时候，你应该想到：这就是某个诱人迷宫的入门指南。如果你有正常的好奇心，将会迫不及待地想要把这本书读懂，你的学习兴趣也将被激起，不可遏制。

三、体悟学习的规律，养成高效学习的基本功

学习是思维活动，学习的规律从属于思维的规律，这是一个很宏大的课题，含有丰富的内容。这儿只提三个要点：

第一点是学习的基本规律——循序渐进。

第二点是基本的学习方法、基本功——积极的思维活动。

第三点是深入学习（与研究）的方法——独立思考、勤学好问。

1. 循序渐进

学习必须循序渐进、由低向高、由浅入深，这是学习过程的铁律。

循序渐进可以有几层含义。第一层含义：必须按照构成知识各部分间的逻辑关系，一步一个台阶地、系统地学习。例如，对于一本教科书的内容，学会了第一章，才可能继续学懂后继各章节。再例如，课堂上如果没听懂前面的内容，后面就越听越不懂。同理，学高等数学必须按极限→微分→积分→常微分方程→偏微分方程……这样的先后次序来学。

第二层含义：学习知识的进程要循序通过五个阶段（或层次），即知道、懂了、会了、掌握、发展创新。

（1）知道。它也有几个层次，较浅层次如看电视新闻或浏览互联网，知道有那么一回事就行。记忆则属于更牢固、更高层次的知道。课前预习也属于“知道”范畴。

（2）懂了。懂了就是理解了、明白了。其实质是把新知识同老知识之间以及新知识自身内部的各种逻辑关系、因果关系弄清楚，以至建立类比、联想关系。对于新知识的理解，往往要借助老知识的诠释（这也是强调“循序渐进”的原因之一）。但绝不是说，新知识只是老知识在数量上的延伸。新知识，尤其是建立新概念，往往需要有思维的飞跃，这是质变，而不是量变。为什么有时候“搞不懂了”“卡壳了”，这是因为在新知识与老知识之间出现了太多的空白地带，跳不过去。这时往往需要借助于独立思考。

（3）会了。能运用新知识做习题就是在一定程度上会了。多做习题十分重要，要想真正会，必须多做题。一分勤勉，一分收获。另一种方法是复述，就是自己给自己默默地讲一遍，或者给其他同学讲一遍。

上述三个阶段在大学生的学习过程中占很大比重。这三个阶段之间也常要反复循环。

（4）掌握。掌握是更高级的“会”，是在复杂情况下对知识的运用，是把理论与实践密切联系起来。在大学期间的各种课程设计、科研活动、实习、毕业论文等都是这个阶段的小试牛刀，而更深次的掌握只能留待毕业后的工作中（或研究生阶段）。

（5）发展与创新。大学本科期间很难达到这个层次。《庄子》说：“吾生也有涯，而知也无涯，以有涯随无涯，殆已”。应该从两方面来理解这句话。首先，庄子这话符合事实——生命有限而学问无限，用有限去跟随无限，只有死路一条。但另一方面，要用辩证法从反面来解决问题，那就是：必须抓紧大好时光，以最优的方式，从无穷无尽的知识宝库中，获取最大限度的营养。庄子所说的“随”，可理解为“跟随”，就是说，如果被动地跟随在知识发展洪流后面，那就累死也赶不上。因此，我们应该探寻和掌握学习的规律，主动地学习，逐步提高主动性，以至高屋建瓴、势如破竹地学习，最终到达知识发展的前端，成为引领知识洪流的弄潮儿——这就是发展和创新的阶段，或境界。这样的方法、能力和境界正是需要学者们努力自我培养、艰苦修炼才能达到的。这种境界是杰出学者们的毕生追求，许多

人已经达到了，并不神秘。大学生也能追求这个境界，今天的学习就是准备阶段。

2. 积极的思维活动

积极的思维活动是高效率学习的关键。

只有投入积极的思维活动，才会有高效率的学习过程。这是学习的基本方法、基本功。只要进入学习过程，马上就要把全部注意力聚焦到当前的学习内容上，绝不旁骛，而且要把大脑高速高效地运转起来。

（1）预习很重要。

在刚拿到新课本的时候，可鸟瞰式地把全书浏览一遍，做到知道这门课的主旨大意，了解老师将讲授的知识之概貌。

每天晚上，至少用五到十分钟时间把第二天课堂上要讲的内容浏览一下；要大体知道老师将会讲些什么、新知识点在哪里、难点可能在哪里，要特别注意新鲜的或生僻的词语、术语，尤其是新符号，它们往往涉及新概念或核心的新知识，等等。这就像作战之前要做战场侦察，有所准备才能取得战斗的主动权。有了预习，听课的时候就有了主动权，能更容易地跟上老师的思路；如果老师离开教材、展开发挥，也能及时觉察、重点跟进。如此有准备地听课，将保证课堂就能听懂老师讲授的内容。

（2）听课是大学学习的最重要环节。提高听课效率是高效率学习的关键。

听课必须做到当堂懂了。为此，听课要集中全部精神、紧跟老师的思路，还要边听边想（可以在心中与老师对话、互动以至辩论，老师也有偶尔讲错的时候），不明白处应该及时举手提问或质疑。总之，课堂上必须积极思维。

听课时应该认真记笔记！记笔记可以帮助集中注意力，有助于调动思维；而且完善的笔记对于复习及以后的学习都有重要助益。边听边记是很紧张的，是个辛苦活；这点辛苦是必须付出的，会有很大的回报。

（3）高效率复习。

复习要多批次进行，至少要三次。

第一次要在听课后尽快进行，可以在刚下课、还没离开座位的时候（这是最佳的记忆时机），三分钟即可，一分钟也行，好像快速回放录像似的，把初步学到的内容过一遍，只需注重整体的把握，不必顾及细节。

第二次复习也是越早越好（当天听课、当天复习，效果最好）。这第二次可就要细嚼烂咽（好似牛的“反刍”）：要把新知识的每个细节都彻底弄明白，更要前后贯通、全局在胸，然后动手演算习题。第二次复习，是要在基本懂了的基础上，通过“反刍”和演算习题，做到“彻底懂了”和“从懂了到会了”的飞跃。多做习题有莫大益处：一是检验自己掌握理论知识的程度；二是熟能生巧；三是解出难题能获得极大乐趣。

通过复习，还要前后联系、融会贯通，把新知识纳入自己原有知识的体系之中，也就是要巩固、加深和扩展课堂上学到的东西。

第二次复习，并不可能一个晚上就能大功告成的。很可能需要反复进行，尤其是在遇到新问题、需要联系老知识来思考的情况下，再次或多次复习就不可避免。

第三次（或第 *N* 次）就是考试前的总复习，也就是总结、“梳辫子”、归纳概括。可把整本教科书（和笔记）浓缩为一页，也可绘成路径树或思维导图。只要掌握了好方法，总复习就是大丰收的时机，学习如享受，考试如过节。

3. 独立思考

独立思考，离不开发现问题、正确地提出问题。

英文的“Knowledge”（知识），远不如中文的“学问”一词意蕴深远。学问是指经过了问、答、思、辩而获得的知识。在学习中或实践中，遇到了问题，才能激发思考，才能深入地思考事物的本质，才能更深刻地理解、掌握、运用以至发展知识。

“学而不思则罔，思而不学则殆”（《论语 • 为政》）——是孔子的一个学习方法。所谓思，就是发现问题、提出问题。

一个苹果落在地上，这样平凡的事件，在年轻的牛顿的脑子里就成了问题。这个问题经过牛顿的发现、提出、分析、解决之后，创建了近代科学史的一个里程碑。

人类天性本是好奇多问的。越是天真活泼的小孩子，稀奇古怪的问题越多。科学伟人牛顿就一直保持着他的这种儿童天性，他说：“我不过就像是一个在海滨玩耍的小孩，为不时发现比寻常更为光滑的一块卵石或比寻常更为美丽的一片贝壳而沾沾自喜……”

反思我们自己，从小学、中学开始，尽管学习勤奋、努力读书，却大多不爱提问题、不会提问题，这可能同应试教育的填鸭模式有关。你有权拾回自己的天性、开放自己心胸与思维的边界、返璞归真，要像小孩子那样对一切都好奇。

思考是从问题开始的。只有敢于发现问题，才能提出问题。

如果思考缺少独立性，就会人云亦云、盲信盲从。要知道，即便最权威的教科书，也不能保证没有错误，更何况科学是发展更新极快的知识领域。发展科学需要有怀疑的精神和质疑（乃至挑战）权威的勇气。

提出了问题，就是发现了矛盾，是好事，是独立思考的第一步。

有两类问题：第一类是学科知识体系（教科书等）自身内含的矛盾，或者是现有知识还有缺陷，不能正确地反映客观世界从而产生的矛盾。这些问题的解决，将会推动该学科的发展完善。如果你发现了这类问题，那么祝贺你，你很有可能成为另一位爱因斯坦。他在 16 岁就发现了麦克斯韦的电动力学与牛顿的力学体系有矛盾，研究十年而提出狭义相对论。显然，一般人很难洞察这样重大而深刻的问题，更难得有勇气挑战权威并有毅力坚持多年；我们暂且无须以爱因斯坦自命，首先无妨怀平常心，踏实学习，努力思考。

第二类（日常遇到的）问题，是由于你对该学科知识的学习还不深入，自己现

有知识的内部不协调、不完备，于是不明白，即遇到拦路虎，或曰矛盾；这时，你就要在自己脑海中或在老师同学之间通过问、答、思、辩寻求答案，这是使你的学习深入一步的机会，不可放过，必须求得解决。

正确地提出问题，就是把使你困惑的关键之点或矛盾的对立两方明确指出，并界定。如果连问题是什么都没弄清楚，那就别谈解决；反之，问题的提法正确了，往往也就能解决了。

独立思考是任何创新活动的必要条件，也是深刻理解和掌握知识的必经之路。在学习过程中，开始可能很容易地懂了；但仔细一想，还有问题，又成了不太懂；在反复问答之后，才能彻底明白、达到真懂的境界。

独立思考可不是孤立思考。独立是指经过自己的大脑。其实，与同学和老师之间切磋琢磨的研讨，各种意见的交流冲撞，往往是激发独立思考的好机会（当然，孤独静思也是必不可少的）。与国外学校的学术氛围相比，我们在这方面的反差很大。这是一种学术风气的问题，也有思想不够开放的习惯问题，需要我们想办法逐步地加以扭转、改善。只有每个学子都在大学学习中培养勇于发现问题、提出问题，以及虚怀若谷、实事求是地研讨问题的习惯，才能逐渐形成良好的学术风气。

思考需要素材。素材要通过外部途径摄取。问是一个途径；博览群书、广集资料是另一个途径。广泛阅读可以开阔你的眼界，让你在多种不同的知识素材、认知观点、思维方式之中碰撞，激发你的思考活力。知识和思考的覆盖面大了，才更容易发现问题、提出问题。所以，在精读主要教科书之外，多跑图书馆、浏览互联网也很必要；但是注意力不能太分散，要围绕中心主题，来扩大知识素材的范围。搜寻、收集和利用资料的能力，也是一项基本功。

正确地提出了问题，才可能较好地解决问题。

只有结合自身的具体情况，自我体悟，才能找到适合自己的高效方法。万事开头难，好的开始是成功的一半。开头就下苦功夫，打下好底子，养成好习惯，以后才能终身受益、其乐无穷。

作者简介：万春熙，1933 年 2 月生，1951—1999 年在北京理工大学学习与工作。

曾为本科生、硕士生、博士生和留学生开设导弹设计原理、系统工程原理、系统工程基础数学、复杂系统建模、复杂系统理论引论等 9 门课程。1981—1993 年，创立并主持“导弹设计”硕士点，并于 1992 年在全国同专业 7 个硕士点评比中获第一名。1983—1995 年创立并主持北理工“兵器系统”工程硕士点。

曾主持或参与科研项目 15 项（其中四项获部级二等奖）。所编著的《反坦克导弹设计原理》1987 年获机械委优秀教材一等奖，1988 年获国家教委全国高校优秀教材奖。发表论文 30 余篇。

现任《兵工学报》特聘顾问。

寄语新同学

蔡汉文

值此新学年之际，喜迎新同学。你们都是历经义务教育与高中阶段学习而取得优异成绩的佼佼者，我们热烈欢迎你们，也衷心祝贺你们。

习近平总书记讲话指出：时代越是向前，知识和人才的重要性就愈发突出，教育的地位和作用就愈发凸显。我国正处于历史上发展最好的时期，但要实现“两个一百年”奋斗目标，实现中华民族伟大复兴的中国梦，必须更加重视教育，努力培养出更多更好能够满足党、国家、人民、时代需要的人才。

你们有幸在这个伟大的时间点，进入高校，接受高等教育，是令人兴奋和鼓舞的。我们年龄大了，仍然十分羡慕你们，希望你们把握住这个人生具有重大意义的四年，合理运用这段宝贵时光，把自己塑造成为党、人民、时代要求的人才。这是党、国家、人民和时代的需要，相信也是你们父母以至个人的期待和憧憬。

你们在进入高校之前，已经经历了从小学到中学阶段十多年的学习生活，经历了无数次的考试，体验过成功的喜悦、失败的焦躁，相信你们已经积累了适合你们自己特点的学习经验、学习方法，初步养成了良好的学习习惯，这是终身受益的。相信大家都有体验：学习是一项艰苦的劳动。面对艰苦和困难，我们要克服它，就需要有强大的动力。这个动力来源于党和人民的期待，来源于自己锤炼、自己的自觉。成绩优异可以带来成功的喜悦，反过来也可以激发我们克服困难的勇气和信心。

但是，现在你们进入大学，大学与中学阶段的教学方法、学习规律和学习环境大有不同。你们的年龄也步入青年，学习能力、观察能力、理解能力和逻辑思维能力也大有进步，可以进入成长的快车道。大学老师的教学方法也有很多与以往不同：课程设置严格按照教学计划实施；教学内容将区别不同专业要求各有侧重、繁简不同；教学过程不但注重传授知识，而且特别注重理论与实践结合的应用能力的培养，即将来工作能力的培养。很少采用那种注入式、往复式的教学方式，而改用启发式、探索型的推理式的教学方法，留给大家充裕的研究时间。你们要尽快适应这种变化，充分利用好这些时间十分重要。

英国著名唯物主义哲学家培根说过：知识就是力量，但更重要的是运用知识的技能。当今我们社会需要的是大量创新人才。创新人才光有知识不行，更重要的是能够应用这些知识去解决实际问题，成为创新、发展的人才。只有深入理解、熟练应用现有知识，才能具有提出问题、解决问题的新思想、新方法，这就是创新的起点。

习近平总书记曾对教师教学明确提出了“三传四引”的要求，我认为非常精辟。他说的“三传”是：传播知识、传播思想、传播真理。所论“四引”是教师要当学生锤炼品格的引路人、学习知识的引路人、创新思维的引路人和奉献祖国的引路人。使我国的教育由大变强，这是每个教育者的奋斗目标。

习近平总书记还说：“发展是第一要务，人才是第一资源，创新是第一动力。”中国如果不走创新驱动道路，新旧动能不能顺利转换，是不可能真正强大起来的，只能大而不强。人才政策、创新机制都是改革的重点。具有优秀品格、掌握前沿科技知识、熟练运用各方面的知识和技能，才能使自己迅速成长为具有创新能力的人才。这个责任，落在大学生的肩上，光荣而艰巨。完成这项任务的关键是“业精技深、思想过硬”。

那么，怎样才能抓住机遇，运用现有的良好条件，锤炼自己的品格，使自己成长为党、国家、人民和时代要求的创新人才呢？我想根据我自己的观察和体验，提出如下一些意见。

首先，我们必须具有忠于祖国、忠于人民的崇高信仰，具有刻苦钻研、锲而不舍、攻坚克难、精益求精的品格。

其次，无论学习什么专业，必然都有它所在的技术领域，都有其支撑发展的主干学科。因此，一定要对教学计划中规定的课程深入研究，探索其技术实质、处理问题的方法及其适用的条件。这样才有可能达到“业精技深”的程度，切忌“一知半解”。这是你将来从事专业工作能力的功底和功力之所在。过去我有幸接触过一些老专家，深切感受到他们面对工程问题时，对其技术实质理解很深，对解决问题的关键“吃”得很准，解决问题的方法、途径思路清晰。这反映出他们的理论功底深厚，工程实践能力很强。这是他们青年时代勤学苦练的结果，值得效仿。

此外，作为理工科学生，不仅要精益求精地学好各门理论功课，还要有亲自动手实践的能力，通晓和掌握行业共性关键技术，甚至达到“工匠”的水平。如果你不知道制作流程、检测方法，就不可能指导实践，一切解决方案就是“空洞”的，甚至一张合格的图样都画不出来。

说到实践能力，包括的内容很多。除具有解决专业技术问题的能力外，还包括语言表达能力（中、外）、文字表达能力、实验设计能力、数据采集和分析能力、计算和编程能力以至查阅和检索资料的能力，等等。四年的学习时间实际是相当短促的，稍纵即逝，切勿放松。

你们当中可能有人想：考上大学可以“歇口气”，趁大学没有中学备考期抓得那么“紧”，多玩、多睡会儿。如果这样做，那将给你们的成长造成极大的危害。因为按教学计划，前期的“短板”，后期很难补齐，最终会把自己变成“半成品”。

综上所述，要使自己成为新时代要求的创新人才，除了必须具备牢固、坚实的理论基础，练就专业实践能力外，还要留心新事物，关注科技前沿动态，不断吸收各方面的营养。不同门类技术的融合、借鉴，对创新发展具有重要的启迪作用。

大家知道，许多创新来源于学科交叉点。所以，除了学好本专业，还要潜心研究不同学科的前沿动态，处理好“博”与“专”的关系，勤于思考，争取学有所“悟”。只有这样，才能创新地去应对工程实践中不断出现的新问题。

愿我们师生共同努力，不断提高我校的教学工作水平，为国家不断输送创新型人才。

作者简介：蔡汉文，1936年2月生，原机电学院教授。1954年考入北京工业学院；1959年提前毕业留校任教，主要从事教学、科研工作。曾先后主讲专业概论、设计原理和外弹道学等专业课程，培养硕士生和博士生多名。曾根据国防建设需要承担或参与若干现役产品研改及新产品研制，取得一定成效，其中一项获国家发明三等奖，四项获部级科技进步二等奖、三项获三等奖；获军队科技进步一等奖一项、二等奖一项；获国务院国防工办集体嘉奖一项。自1990年起享受国务院政府特殊津贴。期间，发表学术论文多篇，主编、参编教材两部，曾任教研室科研主任。

我的学习方法回顾

龚绍文

一、放学后别忙着做作业

我对学习方法有概念始于初中二年级第二学期。在那之前，我的学习浑浑噩噩，完全被动，当然学习成绩也很差，每学期各门功课成绩的平均分也就六七十分，处于班上的中下等。初二第二学期（1953 年）的一天，我在学校图书馆看到一本写学习方法的书，是一本小册子，很薄，是一位苏联人写的。我拿起来翻了翻，一下子就被它吸引了。里边讲了很多如何听课、如何复习、如何做作业、如何制订学习计划等有关学习方法的事。我马上借了回去。认真地看了一遍又一遍，然后按着去做，还真有效。

这些方法中对我作用最大的是：课后复习时先做什么，是先做作业还是先看书？这以前我总是放学后先做作业，急急忙忙把作业做完，就算完成任务了。但是，这本书说，课后复习时先不要做作业，也先不要看书，而是先要在自己的脑子里“放电影”，回顾老师在课堂上讲课的过程，回忆得越详细越好。回忆老师开始讲了些什么，中间讲了些什么，最后讲了些什么。如果一边回忆一边在一张白纸上扼要地写出来更好。然后，看笔记，把回忆漏掉的内容补上。再然后是看书（教材），仔细认真地看书上是怎样讲述课堂上老师所讲的内容的。如果还有问题，记下来，到答疑时间找老师问。最后，才是做作业。

一般讲，经过这一番“放电影”、看笔记、看书，要学的内容已经搞懂了，做作业就变为一件比较容易的事了。由于改进了学习方法，期末考试成绩平均分提高到了八十多分，在班上属中上等了。更重要的是感觉要学的内容真的学懂了，心里踏实了，学习变得从容了，不浑浑噩噩了，不被动了。到了初三毕业的前夕，我在班上的学习成绩已名列前茅了。1954 年初中毕业后如愿考上了母校（天津一中）的高中。

有了较好的学习方法，在高中阶段的学习就比较顺畅了，基本做到了班主任老师对我们的“大考大玩儿，小考小玩儿，不考不玩儿”的要求。由于注重了平时的学习，考试就不用临阵磨枪了。高中阶段的学习我已处于班上的前三了。

1957 年高中毕业后，顺利地考上了清华大学电机系。那时清华电机很出名。后来才在电机系的基础上产生了自动控制系和计算机系等，我和班上的一些同学就是在 1958 年成立自动控制系时由电机系转为自动控制系的。

二、不要平均使用力量

上了大学以后，开始我还是用在中学时的学习方法，也还受用。因为大一的主要课程是数学、物理、化学等基础课，还是一些基本知识。在这一点上和中学差不多，只是比中学时的数学、物理、化学的内容多些、深些、难些。如斯米尔诺夫的《数学分析》，福里斯的《普通物理》都是大部头。但对这些课程的学习的主要要求还是和中学时一样：学懂和记住。因此，学习方法基本上可以沿用。

到了二年级，有了专业基础课，情况就不一样了。到了二年级上的第一门有专业基础性质的课就是“画法几何”，它是机械类的专业基础。电机系以电为主，但机械也很重要。电机转动的原理是电的，电机机身的制造是机械的。设计、制造电机时都是要画图的。所以“画法几何”是一门很重要的专业基础课，它是将来画图、识图所必需的。但是，我不怕，因为我翻了翻书，觉得和我在中学时学过的内容差不多，因此我没把它放在心上。但第一次课就给了我 一个下马威。老师在课堂上讲得飞快，晚上拿出书来复习时，发现这一次课讲了教科书的 20 多页。根本复习不完。只好在晚 10 点宿舍熄灯以后借公共盥洗室的灯光加班复习到 12 点才算完成任务。怎么办？我去找了高年级的学长问了问，他们说，大学的课和中学的课相比就是内容多、讲得快，像在中学一样能当堂消化往往是不可能的，而且，课程门数也很多，时间不够，复习不完是常有的事。所以，不要“妄图”每门课都学得那么好。时间紧，精力有限，不要平均使用力量，要有所为，有所不为。就是说，我们不但要有每门课的具体的学习方法，也需要有一个总的学习策略：对将学习的课程要有所选择，要明白哪些课程一定要学习好，学得又深又透，哪些课程可以基本学懂，更深入、具体的知识待将来工作碰到时再学。

当然，如果每门功课都能学好，那就更好了。还真有这样的人，我的一个学姐，五年的大学课程门门五分，最后获全校“优秀毕业生”称号，而且还是中央音乐学院业余钢琴班的优秀毕业生，真是天才。一般的人，则需要有一定的策略才行。

通过向高年级的学长请教，我决定在二年级下学期和三年级时把“电工基础”（相当于现在的“电路分析”和“电磁场理论”）、“控制电子学”（相当于现在的“模拟电子技术基础”）和“脉冲数字电路”（相当于现在的“数字电子技术基础”）作为一定要学好的课程，其他课程一般要求。这样做的效果不错。这又增强了我的信心。照此办理，在以后的几个学期，我分别选择了“自动调节原理”（相当于现在

的“自动控制理论”)、“电机学”、“电器学”、“电机设计”、“电器设计”和“微电机与微电器”作为一定要学好的课程，而其他课程基本学懂即可。事实证明我选对了。由于对这些课程有较扎实的掌握，所以我毕业后能较快地进入工作角色，而且后劲儿也比较大。

在选择一定要学好的课程上，我觉得有三种情况：一是选自己所学专业的核心课，我以上选的就是我所学专业的核心课。二是自己特别感兴趣的课。它可能不是自己所学专业的核心课，但由于自己喜欢就一定学得进去。大学某门课的授课教师都是对所授课的领域有专门且深入研究的。听了他们的课，你会有意想不到的收获，很可能带你走向你所喜欢的另外的专业。三是选有发展前途的课。我一位大一同班的同学，后来调到了数学力学系，当时他们班多数同学都把学习重点放在了经典数学上，他却把主要精力给了计算数学，因为他觉得计算机是将来的发展方向，计算数学将有很大用场。果然，他现在成了一位很有成就的软件专家。

三、一定要多读书、多提问、多讨论

在大学，要想把一门课学好、学深、学透，除了上课注意听讲，下课“放电影”、看笔记以外，最重要的是要看书，特别是对专业基础课。专业基础课的内容是相对稳定的，其教材大都是国家级甚至是世界级的专家经过十几年甚至几十年的研究和积累写就的，有的可能已写了五六版甚至十几版。它们是相关领域知识最经典也是最现代的总结，它们是很多授课教师取材的重要来源。但教师在课堂上只能是提纲挈领式地讲，只能点到为止。要想全面而深入地理解和掌握，还得通过看书，必须通过看书。知识往往不是见一面就能理解、就能记住的，它往往需要反复多次。只听课不能做到这一点，而看书却可以。我之所以对专业基础课理解和掌握得还不错，和我认真地、反复地看书是有关系的。在我读过的书的书页上方或两侧常常可以看到有很多用红笔写的批语，它们可能是我的一句感叹，为某句或某段写得好而叫好，或是我的质疑，认为某句或某段写得有问题。

现在在校的学生可能会说，你的这些做法对你们上学的那个年代可能是正确的，我们现在有老师讲课的视频，还有下载了老师讲课时的 PPT，完全可以不用看书了。其实不然。首先，现在多数课还没有完整的视频甚至没有视频给学生，有的只是极少数的公开课的视频。即使有，也是上面提到的提纲挈领式地点到为止的讲解。至于 PPT 那更是精简中的精简，更不能代替书了。书中除了有重要的知识点外，它还有完整性、系统性、逻辑性，体现该门知识的总体架构、组成部分和各部分之间的内在联系，既有科学内容又有科学方法，还有著者或编者对该门知识的独到见解，也可能有不当甚至错误之处。所有这些只有通过读书读出来，才叫把这门课学好了。

应该指出，学习的过程就是克服一个个难点的过程，难点就是有问题的地方。所以，学习的过程就是提出问题和解决问题的过程。学问、学问，学就是问，问就是学。将来工作以后的科研还是提出问题、解决问题。因此，学习中一定要养成提问题的习惯。

会提问题，能提出一个高质量的问题比背一大堆定理重要得多。问题不会凭空而来，它是在学习过程中产生的。读书是产生问题的重要源泉，而且可能是必然的源泉。这正是我反复强调要读书的重要原因。不断产生问题，不断解决问题，才是在学习。

还应指出，有了问题，一定不要放过去，一定要设法解决。连续几个问题不解决，积累起来，这门课可能就学不下去了，就要“挂科”了。

有了问题，怎样去解决呢？首先看能否自己通过再思考或看其他参考书来解决，第二可以利用答疑时间去问老师。高明的老师，可能不直接回答你的问题，而用启发式的教学方法，让你自己把问题解决了，这时你的收获会很大。记得有一次我去“控制电子学”课答疑室去答疑，当时答疑的同学很多，要排队，当轮到我时，我向老师提出我的问题，老师想了想，反问了我两个问题，让我在旁边桌子上想怎么回答，他继续给下一个同学答疑。当我想出了怎样回答老师的那两个问题以后，我突然明白了我提出的问题该怎么解决了，高兴地和老师告别后就走了。从那时起，我明白了怎样进行逻辑思维了。这件事对我影响很大，我一直记着，我毕业后的教师工作中对启发式教学的偏爱就是受此影响。

还有一个解决问题的途径是和同学讨论。讨论是大学比中学用得更多的方法。世上很多思想都是碰撞出来的，通过讨论解决问题也是毕业后工作中常用的方法，所以在学校学习期间多多接受讨论的训练是非常必要的。在讨论中的收获大小完全取决于自己的态度、自己的主动性，要做充分的准备，不能只带着耳朵去。

四、先模仿后创新是学好实践性强的课程的一个方法

到了大学高年级，专业课就多了起来。专业课往往实践性很强，是把知识转化为能力的重要环节。大学中实践性强的课程有课程实验、课程设计、生产实习、专业实习、毕业设计，等等。我上学时实践性强的具体课程有“控制电子学课程设计”“电机设计”“电器设计”等。我的综合能力和动手能力很差，如何学好这些实践性很强的课程对我来讲是个很大的挑战。我采取的方法是先模仿，反复练，再创新。

记得，在“控制电子学课程设计”中，我的任务是设计并制作一台电子管串联式稳压电源。我首先把上一届学长做的同一题目（但技术指标和给我的不完全一样）的设计说明书仔细地看了一遍，把其中需要查手册和需要计算的部分又都查阅和计算了一遍，之后，又把师兄做的样机按照原样重新制作了一遍。所有这些，我

都把它看作是在模仿，就像对前人书法的临摹或戏曲学院的学生对戏曲名家表演的模仿一样。最后，我又对重新制作的样机进行了性能测试，其结果与师兄写的说明书中的测试结果相同，说明我的模仿成功了。这一成功，增强了我的信心。说明我已经掌握了一种电子管稳压电源的设计及制作方法了。然后，我再按照以上成功了的做法着手进行我的技术指标的电子管串联式稳压电源的设计与制作，很顺利地就完成了。

在学校期间，多模仿性地做些经典的有代表性的项目，多掌握些前人成功的经验，把基本功搞扎实，对毕业后在工作中的创新、增强后劲是非常有好处的。现在想起来，我那时做的课程设计所用的技术——电子管串联稳压技术早已过时，但是作为学生学习一门技术的方法——先模仿后创新，我认为到现在还是适用的。

以上就是我对做学生时期的一些学习方法的回顾，希望能给现在就读的大学生带来一点借鉴。我就是用这些方法完成了在清华大学六年的大学学习，取得了还算不错的成绩。毕业后，幸运地被分配到了当时的北京工业学院，而今的北京理工大学，直到现在。

作者简介：龚绍文，1939年2月生，天津市人。1963年清华大学毕业后分配至北京理工大学任教。曾任自动控制系电路教研室副主任、电子工程系电路课群副主任等职；为本科生、研究生讲授多门课程，曾被评为校首批高水平课教师。撰写了多部教材及专著；在国内外学术会议或刊物上发表论文多篇。曾受聘担任教育部课程教学指导委员会委员；曾任全国高校课程教学与教材研究会副理事长；曾任多届北京高校青年教师教学基本功比赛评委和评委组长。荣获“北京高校离退休干部老有所为先进个人”等荣誉称号。

学不可以已

陈俊南

当代大学生，智商、情商都很高，按理说都会处理好学习的。仔细一想也不尽然。世界上有些事看似不起眼，可能藏着大学问，有些事看多了也不见得就明白；即使明白了也有从生到熟、熟中生巧、巧中升华的过程，像郑板桥说的，画竹子四十年，“画到生时是熟时”。下面简单谈谈我对学习的几点认识。

一、学习的效用

学习是一个认知过程，也就是人的头脑对外部事物的表达从建立反应到结果联结的过程。其作用是对人的生活行为、对人类社会生存与发展产生影响。关于学习效用的论述极为丰富。

荀子就提到以学习区分人与动物，他说：“故学数有终，若其义不可须臾舍也。为之，人也；舍之，禽兽也。”是说具体的学习是有终点的，从学习的意义来说，学习是一刻也不会停止的。第一句是对的，第二句就不妥了。动物也会学习，但是自发的、个体的。人是自觉的、有目的的，不像动物仅为适应生存，人的学习是在社会实践中进行并有改造环境的作用，这种作用是以语言为中介的。

孔子主张大同社会，深知生活规范、社会体制、思想观念对社会的作用，“礼之用，和为贵”，所以强调学习的规范效用。“念终始典于学”说要始终想着学习，又进一步指出“玉不琢，不成器。人不学，不知义”。他认为即使具有某些优秀品质的人，不好好学习也将带来严重缺陷。基辛格在《论中国》里，讨论中国文化特点时就提到了这点。

学习可以修身、悟道、治国平天下。济世以道，以天下为己任：“仁以为己任，不亦重乎？死而后已，不亦远乎？”孟子主张：“穷则独善其身，达则兼济天下。”韩愈认为：“得其道，不敢独善其身，而必以兼济天下。”他们共同的宗旨是以学悟道，做官济世，这样的观点延续两千多年。

诸葛亮的《诫子书》说：“非学无以成才，非志无以成学。”曾国藩说：“我家断不可积钱，断不可买田，尔兄弟努力读书，决不怕没饭吃。”“读书乃寒士之本业……莫作代代做官之想，须作代代做士民之想。”培根说学习目的是培养纵观统筹、全面策划、具有战略思想的人才。总之，成才离不开学习。

学习影响人的气质。就像曾国藩说的：“人的气质由于天生，本难改变，惟读书则可变其气质。”培根也说：“凡有所学，皆成性格。”这是因为生物基因决定的性格倾向等为后天经验所改变。大脑终其一生都保持可塑性，童年的变化最显著。

学习达到一定境界就会成为一种爱好，就像孔子说的：“知之者不如好之者，好之者不如乐之者。”习近平总书记曾对领导干部提出读书的三点意见：一是要爱读书；二是要读好书；三是要善读书。把读书作为一种生活方式，与工作结合，将激发创新力量。

二、学习的途径

校园学习有两条途径：教师的指导，学生的自我学习。

教师的指导是有效学习途径之一。荀子说：“学莫便乎近其人，学之径莫速乎好其人。”是说学习没有比接近良师更方便的，学习的途径没有比喜欢良师更迅速有效的。老师的课堂传授不仅有教材核心内容和自己研究心得等外显知识，还有其品格素养等内化精神。重视教师的指导是学习之必经途径之一。

另一条有效学习途径就是自我学习。只有形成自我学习能力才能终生学而不辍。所以有必要谈谈学习过程。学习过程就是认知的过程。

认识事物是由感觉（刺激）开始的。首先感觉认识个别事物的特点，然后发展到知觉、认识整体事物及其联系；当刺激停止后，感觉与知觉获得的知识没有消失，保留在大脑中形成记忆；再经过思考、分析、推理形成概念，得到事物的本质及联系。整个过程包括智力因素与非智力因素两部分。

1. 智力因素

智力也叫认知能力，它在认知过程各阶段是不同的。我国学者一般认为智力是指使人能顺利从事某种活动所需的最一般性能力，由注意力、观察力、记忆力、思维力和想象力五种因素组成，是谓智力因素，其中以思维能力，尤其是抽象思维能力为核心。

我国古代将认识规律的智力因素归纳为学、思、践、悟。

学指努力学、善读书，增智广识，重点是记忆。司马迁说“求学贵于博”。

思，即常说的深思远虑，把问题想深、想透、想明白，找到事物的特殊规律。古代称穷理，理指事物的特殊规律。

践指笃行，在实践中求真务实、检验事物的特定规律。司马光说“学者贵于行之，而不贵于知之”。

悟是感悟到事物发展的普遍规律。古代的道法指普遍规律、政治主张、思想体系等。司马迁说“求道贵于要”。

实际行为过程并不这样机械，这些因素是相互影响的。

2. 非智力因素

非智力因素也称情商，包含的因素较多，像人格、态度、动机、兴趣、意志、情感、性格、环境、教育方式、健康、饮食等，都属于情绪管理范畴。有人将情绪管理概括为五个方面：认识自身、妥善管理情绪、自我激励、认识他人、管理人际关系。“情绪确定了我们发挥各种内在心理能力的潜能界限，因此决定了我们的人生表现。情绪智力是一种处于主导地位的能力，它从正面或者反面深刻影响着其他所有能力。”情绪影响学习。好的情绪管理使自身潜能发挥到极致状态。这个状态正是我们需要的。

神经科学研究表明，在大脑的边缘系统里存在海马和杏仁核两个关键功能中心。海马在记忆巩固方面有重要意义，它接受来自感觉相关区域所有类型信息。杏仁核则在行为与情感中扮演重要角色。

因此学习是智力因素与非智力因素综合作用的结果。自我学习就是明确学习动机，端正学习态度，调动智力因素去获取未知的过程。

在这里，我借用习近平总书记的一段话作为总结：“要有望尽天涯路那样志存高远的追求，耐得住‘昨夜西风凋碧树’的清冷和‘独上高楼’的寂寞，静下心来通读苦读，要勤奋努力，刻苦钻研，舍得付出，不折不挠，即使‘衣带渐宽’也‘终不悔’，人憔悴也心甘情愿；要坚持独立思考，学用结合，学有所悟，用有所得，在学习和实践中‘众里寻他千百度’，最终‘蓦然回首’，在‘灯火阑珊处’领悟真谛。”

三、大学学习要注意的三点

第一点是关于学习方法的。

大学学习获得知识与培养能力都重要，是同期完成的；从长远角度来看，能力有更大的潜能。所以同学们在学习不同类型知识、适应众多教师风格的过程中，一定不要忽略教师是如何引导的，他讲授内容是怎样一点一滴积累、组织、形成系统的，如何拓宽与发展的；从而养成步步为营的思维方法。就像洛克说的，学到很多东西的诀窍就是一下子不要学很多东西。这种能力使得你在进入并不熟悉的领域时不至不知所措。

第二点是不忘初心，牢记重任。

李开复称：“当今世界转变为实干的年代和数据的年代，再加上中国如今拥有世界级的创业者和主动、积极支持人工智能发展的政府，这一切结合起来，使我们相信中国在人工智能发展与应用方面很快就会与美国匹敌，甚至超过美国。”这就是我们常说的从 IT 到 AI 时代弯道超车。

2018 年 5 月，英国学者思想史大家彼得·沃森来华讲学，他说 21 世纪最有想象力的突破可能来自技术领域，中国在这方面扮演了非常重要的角色，比美国做得好。

近日，英国《自然》杂志发布科研城市排行榜，展示 500 个城市科研表现和变化情况，北京连续两年居全球科研城市第一名。

与美国相比，我们的科技创新需要做大量艰巨的工作，毕竟 2016 年美国创新指数世界排名第四。但是我们看到近年来中国历史性的变化，这些变化让中国跨越“中等收入陷阱”，为发展打下坚实基础。

中国的进步意味着马克思主义中国化，从更深的意义上看，中国正在走向马克思、恩格斯设想的《共产党宣言》宣称的一个联合体，在那里，每个人的自由发展是一切人的自由发展的条件。庆祝改革开放四十周年大会表彰了 100 位改革先锋，这又一次证明社会主义为个人的自由发展创造了空间，他们在时代的潮流里拼搏获得成功，为祖国和人类进步做出贡献。

为社会主义现代化国家建设、为人类进步而学习，是志存高远的青年学子的追求和责任。

第三点是实事求是，量力而行，张弛结合，持续发展。

进入大学的同学并不是每个人都完满走完学习路程的，其中有一些很优秀的同学由于各种原因而中断学业，也有一些体质弱的同学因为长期负压而病退、休学，这是很可惜的。

在人生攀登的道路上，或许每个人的高度不同，但我们要做的是努力前行，无愧于心，切不可贪功冒进，唯利是图。下面的三段话，可以带给我们一定启示。

萧红《呼兰河传》中有这么一段话：“黄瓜愿意结一个黄花，就结一个黄花，愿意结一个果实就结一个果实，如果什么都不愿意也没关系。”

美国印第安裔著名杂技演员威尔·罗杰斯说过一段话：“我们不可能都成为英雄，总得有人在英雄经过的时候坐在路旁鼓掌。”

习近平总书记同各界优秀青年代表座谈时引用《诗经·小雅》，勉励中国国内首位登顶珠峰的在校女大学生陈晨再攀人生高峰时说：“对于珠穆朗玛峰，我可说是，‘高山仰止，景行行止，虽不能至，心向往之’。”

四、结 束 语

下面借用一段话作结束语。

睿智的历史学家基辛格在《论中国》里写道：“四十年间，我曾五十多次访问中国。与整个世纪以来的许多访问者一样，我开始敬佩中国人。”“只有像中国那样坚韧、耐心的民族，才能在经历过山车般的历史沧桑后，仍能实现统一并焕发了勃勃生机。”

天道酬勤，凤凰涅槃，中国在学习中再生、复兴。

作者简介： 陈俊南，1935年2月生。1953年入北京工业学院化工系学习，1958年毕业留校。曾任化工与材料学院副院长、分党委书记；讲授物理化学，从事液相色谱研究。

寄语与共勉

鲍重光

高楼鹤立竖良乡，北湖涟漪泛薄霜；
昔日黄尘阡陌地，杏坛争艳绽群芳。

班车到达良乡校区，在那辆标志着学校光辉历史业绩的坦克车旁停下。我们一行下了车。

感谢学校给了我们这批“退伍老兵”重温大学生活的机会：我们被聘任为教学督导专家，每个学期，我们都必须深入课堂，考察教学的状况。

我从 17 岁开始，与（国内外）大学生活为伴，不知不觉，一个甲子的时光已悄然逝去。重新回到了课堂，坐在教室的最后一排，感受着任课教师和青年学生们对我们这些“蹭班生”投来的惊诧目光，心情实在是难以言表，可能同宇航员重返大气层的感觉类似吧。

下课铃响，寂静的校园就像宇宙大爆炸一样，瞬间喧闹起来；人流从不同的教室中涌出，如同江河汇入大海，聚焦成一条汹涌奔腾的“中国龙”。被裹挟在人海中的我，白发银丝早已被周边“自由电子”的剧烈碰撞所湮没。心中留下的，只有被融合于青春气息之中的喜悦和冲动。来到北湖畔，湖水中衬映出沿着曲桥返回宿舍的学子们的倒影，我头脑中浮现出阵阵遐想。

一、宿舍是我们共同生活的美好家园

宿舍是进入大学后所遇到的第一个关口。它是构建一个和谐、美丽的社会主义大学的重要细胞。没有一个个健全的细胞，就不能形成一所健康发展的大学。

四千多名海内外优秀学子汇聚一堂。大家来自五湖四海，性格、爱好、生活习惯均有所不同。许多人是头一次离家开始独立生活，由家庭的“宠儿”变为上下铺的伙伴。诸多因素将带来与以往的不同和不适。

进入大学，不是单一地为了获取知识。以人为本，塑造一个符合社会要求的高素质、高品德的人才，才是其终极目的。宿舍就是锻造具有各方面特殊功能人才的细胞，它能够为每个人输送必要的营养，提供一个极好的相互切磋、相互磨合、相互尊重、相互包容、取长补短的机会。细胞虽小，但功能很多，它是今后走向职场生活，建立正常人际关系的重要驿站。有人会认为这是小题大做，其实不然。1980 年，国家首次向国外派遣留学人员。我和几位 1977 届恢复高考后的首届本科生一同被派往 ×× 国。由于大使馆尚未为我们研究人员租好住处，我有幸与他们一同体验了一个多月的学生宿舍生活（当然，受到照顾，我住的是单间）。这短短的一个来月中，观察和了解了该国一些有关宿舍的制度和规则。由于国情不同，很多做法很难照搬效仿，但有些方面的指导思想是值得我们思考的。首先，不同专业、不同年级的同学是混编居住的，且每年轮换一次，其目的在于促进不同专业、不同年龄、不同性格的人互相交流、融合。这种磨合，一方面促进了不同学科知识的流通，另一方面又通过每个人在宿舍中担当的角色（分管清洁卫生、垃圾分类……），培养了自我管理的能力。和我们一同去的本科生反映，这样做收益不小。我们也看到了一些相反的例子。20 世纪 90 年代我校曾与国外大学协议，派遣了一批留学生去学习，结果有的同学与周围的人产生很大矛盾，校方不得不派人去加以解决。即便是我们被派出国研究的人，也往往听到在共同租住的宿舍内闹得不欢而散的例子。由此看出，宿舍中的共同生活，是考验日后能否正确融入社会的磨刀石和试金石。大学要从根本上塑造具备完整人格，严于律己、宽以待人的道德修养。DNA 出现了异常，将会引发生命过程中意想不到的种种突发疾病。宿舍生活的历练，将潜移默化地影响一生。这个细胞的重要性，是毋庸置疑的。

二、课堂是传授科学、知识和文化的殿堂

走进课堂，窗明几净，多媒体设备先进而齐全。与当年我们上大学时手中拿着的油印讲义等状况相比，真的是不可同日而语。作为“旁听生”，我们总是坐在教室的最后一排聆听老师们的讲课。向前望去，目光所及处是许许多多学生的背影。凭借我们多年来的教学经验，不难从他们的姿态和动作判断出这个班级正能量的分布状态。而这种能量分布的反馈也是评价教学效果的一个重要指标。从一些蛛丝马迹当中，也可以探索到初次跨入大学门槛的年轻人希望找一些“过来人”聊一聊的话题。

由中学到大学，是人生再上的一个阶梯。大学本身也在历史的进程中不断地发生变革和发展。对于我们北理工而言，延安精神的发扬是一个亘古不变的永恒主题。然而，随着历史的发展和科学技术日新月异的进步，教学组织、教学内容、教学形式、教学方法也在不断与时俱进。学习苏联，推广郭兴福教学，半工半读……“211”“985”“双一流”大学建设，大类招生，“书院”制的变革，教育部关于大学

要适当“增压”等一系列适应改革措施的出台，不断推动着教育战线前进的步伐。课堂要由以教师为中心转向以学生为中心，更是在教学过程中引发新一代革命浪潮。面对这一切，教师和学生都要有一个适应过程，要勇敢面对新的挑战。尽快缩短由被动转化为主动的时间，是取得收获快慢的关键。

走进大学课堂，也许头一个感觉到惊奇的是信息量陡然增大。一节课内容就跨过了教科书上十多页的篇幅，远远超过中学时代。新的概念、名词、定律扑面而来，有时会使人感到无所适从。课上PPT课件的广泛使用，“一过性”的快速授课方式，代替了中学时对内容反复叮嘱和讲解，即便是“一路小跑”，有时也难于赶上老师的思路。近年来，为了提高课堂教学的水平，许多高学历的优秀教师进入了教师队伍，教学内容的梯度有所上升，涉及的面更加宽泛，缜密的逻辑推理，严格的证明，连续性、随机性、稳定性等概念一并袭来，有些使人穷于应付的感觉。更加重要的是，对每个人自主学习能力的要求被提到了重要的日程之上。对于这一点，与国外的大学对比，我本人就有深刻的体会。无论从当年大学生的反映，还是从我本人在国外从事过教学的体验，课堂以外自行查阅、探讨所需付出的时间和精力并不亚于课堂内的时光，而在难度上则有过之而无不及。这是从开头就锻炼年轻人独立工作能力和创新思维的有力手段。久而久之，自主学习、自主创新就成为一种习惯和能力。有时我们观看国外的教材，觉得似乎比我们的高明不了多少，有时其深度和广度还不如我们。但是有不少的例子表明，进入了研究阶段后，他们的能力和成果往往超过了我们。我想这也许就是在本科生阶段自我开发所储存的内能到了研究阶段开始迸发出来的结果。

然而，这种能力的练就，并非一蹴而就，更不是一日之功，必须经历一个自觉的、持之以恒的锻炼和探索的过程，要遇到不少的坎坷和失败。这时务必要克服自身的焦虑，按照自身的特点和周围环境的变化，科学地调整前进的步伐，不断地修正和改进中学时代习以为常的听课方式，紧跟教师分析问题的思路和布局。要从不适应变到适应，由被动变到主动，认真规划好大学的生活，不忘初心，砥砺前行。这里，坚持是最关键的，就像登山一样，越接近顶峰就越需付出更大的努力。一时一事小有所成不足为奇，距离山巅的百米、十米才更能凸现出自身的功力。

话又说回来，仅仅有坚持和刻苦是不够的。刻苦学习是必要的，但它并不是获得成果的充分条件。自信和科学的方法则是取得成绩的重要法宝之一。我在过去进行实验班教学时就曾经碰到过这样的例子。实验班是由高考成绩优异的学生荟萃而成。其中有一位同学，学习十分刻苦努力，为了不落于人后，整天泡在自习室里。然而，与这种努力不成正比，学习成绩却渐渐落后于其他同学。因此，他十分懊恼、丧气，甚至有些自暴自弃。当我们从他的作业本中了解了这些情况后，与他进行了面谈，同时在作业本上不间断地笔谈，通过多种形式的交流，逐步寻找到问题的症结所在——其一是对自身的定位，其二是学习方法上的问题。我们首先希望他在大学这个新坐标系统中，找到适合自己的位置：在中学时代能够成为翘楚，自然是具备相当的水平和能力的，这点必须肯定；但到了英才汇集的重点大学，应当针对新的环境态势重新评估自身的能力和不足。不甘落后是对的，但不能因为一时的不适应而走向其反面的自卑。要在实事求是的基础上，在老师和同学的启发和帮助下，不忘初心，找准原点，扎扎实实地建立信心，消除一切焦躁情绪，这样才能找到新的出发点。而迈出下一步的关键则在于因势利导改进学习方法。在浩如烟海的知识宇宙中，以牺牲体育锻炼、社团活动，将自己闭锁于一个狭小空间中苦读的苦行僧做法是不可取的。正确的途径是认真梳理听课内容，理顺脉络。在我们过去读书的年代，流传着“书应当越读越薄”这句话，指的就是对知识归纳整理的重要性。首先建立起一个结实的骨架，再通过拓展的思维长出健壮的肌肉，流过清晰的脉络和血流，知识的完整形象才能够形成。眉毛胡子一把抓是行不通的。根据自身特点摸索和创建出一套适合本人的学习方法，是脱离困境的重要途径。该同学循着这样的路径，通过自身不懈的努力，终于后来居上，成为博士，并学成后在研究所工作。

三、尊师爱生，教学相长，学海无涯，问无止境

教学相长，这是我们过去常听到的一个词。今天，当我们卸下教师的身份，重新以学生的立场回归课堂时，对师生之间应当相互尊重、相互学习、相互鼓励，促进“教”与“学”双赢的局面，变得更加期盼，也有了更深层次的理解。在改革开放的新时代，教与学的角色内涵有了新的丰富和发展。课堂要逐渐由教师的一言堂转变为生动活泼，有质疑、有启发、有讨论、师生互动的场所。完成这一转变，必须要有师生双方的努力，剃头挑子一头热是不会有收获的。在这些年的听课过程中，我们发现有相当一部分的同学对教师发出的“信号”，缺乏积极的反馈，仍未摆脱老师讲、学生听这种被动单一的局面，课堂气氛显得沉闷。而教师得不到同学们的响应，又一如既往地唱起了独角戏。长此以往，教改的成果将付诸东流。

人们都知道，进大学是要做学问的。但不少人往往只专注于学知识这一个侧面，忽略了质疑、提问、兴趣和好奇心这个衡量是否真正掌握了知识精髓的另一个侧面。

只有认真咀嚼、消化和提炼了课堂讲授的内容之后，才能够提出涉及实质性、根本性的问题，而不是仅仅局限于“这一步到下一步怎么推”之类表面的问题。正是在这个意义上，教师们真心地盼望着有更多的学生提出更多的问题，这不但可以检查教学的真实效果，同时也是真正尊重教师人品和学识的具体表现。从更深的层次看，知识本身就是在质疑和提出问题中发生和发展的。现在课堂上教授知识的主要内容，大部分是前人总结归纳得出的较为完整而成熟的东西。知识本身是有生命的，如果将其固化起来，满足和陶醉于它的“完美”，那么，它将永远得不到创新而停滞在同一个水平上，又何以谈起人类文明的进步呢？从牛顿力学到相对论、量

子力学等，人类正是踩在那些疑似完美无缺的理论的肩膀之上，从“完美”中发现了“不完美”，从“成熟”中发现了“不成熟”，从“平衡”中发现了“不平衡”，由此找出了科技发展的新方向和新课题。电现象和磁现象被对立统一地包罗在麦克斯韦的电磁场方程之中。正当人们为其形式和内容之完美而赞叹不已时，却又发现它隐含着“电荷可以单独存在，而单一的磁极却不存在”这个遗憾，这个遗憾则引发了人们寻找磁单极的热情，并将我们对宇宙演化过程的研究进一步深化。在当今信息技术迅猛发展的态势下，如果我们躺在 3G、4G 上睡大觉，沾沾自喜，故步自封，那就不可能在 5G 的国际竞争中取得胜利。这是个不言自明的道理。

在目前的新生课堂上，这种局面已有所改观，同学们的主观能动性有了提高，一丝新的曙光已经出现，但愿这种星星之火能够继续发扬光大，不要随着时间的流逝而被磨灭。

四、加强基础，重视实践，理工结合

听课活动，是学校给我们这些耄耋老人重新学习、重温大学梦的一个极好机会。这些年，我们听了学校大部分专业、上千堂的课程。除了我们所熟悉的本专业课程之外，相当大的部分则是从“白丁”开始入门。但不管是哪一类课程，对我们都是一次再教育，使我们受益匪浅，从中我们更深刻地体会到基础（理论、实践）与拓展专业思维相结合的重要性。

基础理论、实践的作用往往被人们所忽略，尤其是当进入专业程序时，常常忘掉了吃“头一个”烧饼的功劳，反过来认为学习基础“没什么用处”。一叶障目，不见泰山；鼠目寸光，只顾眼前，不看未来。随着科学技术在广度和深度上一日千里地飞速发展，大学本科教育形成了塑造美好人生的重要基础，而基础理论和实践则是夯实这种基础之基础，也是建设创新型国家的起点。一位国外同行专家在评价他所在国家的发展道路时曾对我讲过，当一个国家从贫穷走向温饱和初步富裕时，往往可以较多地借鉴和学习其他国家先进的技术和经验。然而，当你在某些方面已经超越了“领头人”而成为师傅的师傅时，则会感到面前一片茫然。发展的前景究竟在何方？此时此刻，扎实的基础知识就像一座座待开发的矿井，经过加工和提炼上升到应用的基础知识，加上不断拓展的思维，将会形成继续创新的动力。

这里，重要的是不能将基础知识片面地理解为仅限于书本上的东西。毋庸置疑，读书是十分重要的，但不能把书本知识仅供奉在象牙塔内，必须通过消化将其建造为一座营养库，在各种实际应用中，我们能够迅速及时地从中提取各种必需的元素。这也就是学以致用这一说法的由来。举一个例子，我曾在国外参与过有关大型油轮洗舱过程安全性的评估工作。大型油轮卸载后，舱壁上残留着许多尖端突起的油渍。当用高压水枪洗舱时，高压水滴产生的静电成为爆炸事故的重要诱发因素。这是一种非线性的现象，无法根据实验室的结果通过“放大样”而得出结论，只能依靠现场的实验。但在该国，油轮和码头分属不同的公司。油轮每在码头多待一分钟，就要付出数额不菲的经济代价。为此，必须先由理论上建立起模型，得出舱中电位分布的基本状况，再将测试探头置于最可能发生事故的部位。迅速、准确而安全地得到评估的方案，这里并没有用到什么高深莫测的理论知识，只不过是将处于“冬眠”状态的大学本科有关数理方程的知识“唤醒”，让其重新焕发青春。只要正确理论与实践过程相结合，便会获得良好的实践效果和经济效益。

退休以后，我曾经有十年左右担任博士论文盲评的送审工作。在与众多高水平大学有关博士论文的交流过程中，粗阅过校内外上千份不同专业的论文。从校内外反馈的信息来看，除了创新性上还有提升的空间之外，基础理论水平的欠缺仍然是一个软肋。在建设高水平“双一流”大学的过程中，这将是影响到学科内涵发展后续动力不足的深层次因素之一。万丈高楼平地起，从本科这个起跑线开始，大家就必须共同发力。这其中，尤其不能忽略实验能力的培养。1999 年，教育部本科教育评估专家曾经突击抽测某大学三年级的一个班，让他们用给定的仪器设备组装、设计一个低年级做过的物理实验，并将结果与当年他们的实验成绩对比。不比不知道，一比吓一跳。当年成绩高的，面对抽测束手无策；当年成绩较低的，抽测结果优秀。进一步调查表明，前者多数是不动手，靠抄数据而过关的；而后者都是当年亲手实践的，知识的掌握比较牢靠。而自欺欺人者则露出了原形，最终贻误的还是自己。对待科学实验的态度，不仅仅是对他人，就是对自己，也是诚信程度的一种衡量。

与我们当年上大学时相比，目前选修课、通识课的数目和内容得到极大的丰富，社团活动更加多彩，这是培养高素质全面发展人才的一条重要途径。大学好比一座炼钢炉，为了炼出优质的钢铁，必须添加不同的“微量元素”，有时，它们还会在质量上发挥举足轻重的作用。我们在旁听不同专业的课程中，诸多的新鲜事物也使我们充分感受到不同专业知识兼收并蓄、不同思维方式的相互碰撞，对于我们重塑自身，面对不确定性日益增长的社会发展态势，融入时代的洪流，都是不无裨益的。想起年轻时打乒乓球的情况，自己的一手特长，一时之间往往能“所向无敌”，一招鲜，吃遍天；可是一旦遇到高手遏制了自己的特长时，从基本技术中衍生出来的某种平日并不擅长的手段和方法却能够让你起死回生、克敌制胜。所以说，基本功是应对各种复杂环境的一大法宝。

五、考试不是课堂学习的终点

考试是课堂教学中离不开的话题。从小学、中学到大学，久经沙场、身经百战，经历了数不尽的考试。进了大学，考试仍然是悬在头上的一把利剑。“挂了吗？”似乎成为一些同学相互问候的口头禅。

诚然，考试仍然是检验学习成果的一种方式和尺度。然而，随着时代的变迁，它已经不再是一个人是否学而有成的唯一指标，其自身的内涵还在不断地变化、扩展和充实中。进入大学之前，考试带有较大的功利性，是继续升学的一块“敲门砖”。而大学毕业之后，面对的是“社会”的大课堂，再也没有天天听老师讲课这样的“好福气”了，自身努力的成分显著地上升，仅仅以掌握知识为目的的考试则将显示出先天不足的缺陷。不少例子说明，在社会生活中，“学霸”不一定如鱼得水，而所谓“学渣”也不见得无所作为。问题的焦点在什么地方呢？让我们再次回头去审视早已习以为常的课堂吧。

大家知道，科技界现在时髦的一个研究课题，是在寻找宇宙间“无所不在”而又看不见摸不着的“暗物质”。借用这样一个术语，我们的课堂中也无时无刻地存在某种无形的“暗物质”，它是支撑我们在课堂中掌握知识血脉的真正的脊梁。很难用一个固定的定义来描述“课堂中的暗物质”，但我们可以权且挪用一下人文社会科学中常见的一个概念——“文化”来对它进行勾画。这里所指的文化，是人生观、世界观、可持续发展的发散思维和认识论等诸多元素的集成。文化在潜移默化中始终不断滋润着人类科技文明和我们认识发展的基本过程。今天我们习以为常、司空见惯的零、1+1=2、方程式、微积分，等等，正是在不同发展时段，人类在认识宇宙过程中，文化以不同形式发展和积淀的结果。生生不息的文化洪流，不断深化着我们的认知，衍生出永不枯竭的创新思维和成果。中国的古代文明孕育出引领世界科技的四大发明；科学大师们的成就，体现出他们长期吸吮世界文化乳汁的结晶。简而言之，“风物长宜放眼量”，考试只不过是知识积累的一次检验，而科学素养的养成，才是课堂学习的血脉所在。

古人说：“惟命不于常”，成功只会眷顾努力奋斗的人们。我们必须在新时代阳光雨露的滋润下，在广阔的社会主义文化森林中，为寻找一条人生最佳的积分路径而发挥出自身最大的功力。志存高远，水滴石穿。

跨越半个多世纪时空隧道的思想交流告一段落。登上返回中关村校区的班车，在座位上随着车厢颠簸振动的节拍闭目养神，但愿“振荡”于两个校区之间的“偶极子”发出的辐射，能够为莘莘学子注入些许正能量。

我从心底里祝愿他们快乐幸福、茁壮成长！

作者简介：鲍重光，1941 年生，上海人，原物理学院教授。1980—1982 年，日本东京农工大学工学部电气工程学科访问学者。1990—1991 年，日本千叶工业大学常勤副教授。曾被评为北京市 1997 年度优秀教师，首都青少年校外科技导师。曾任中国物理学会理事、静电专业委员会主任委员，北京理工大学物理系主任、科学技术学院副院长、理学院副院长。退休后曾在研究生院学位办工作并一直被学校聘为教学督导专家。

我们的大学之道

戴永增

我所说的我们的大学之道包括两方面：一是我和我的大学同学走过的道路；二是我现在对大学的理解。

一、大学之路

1. 初到北京工业学院

1954 年 7 月，我从石家庄第一中学（高中部）以优良的成绩毕业，经全国统一招考和学校保送推荐，由北京工业学院录取。我十分高兴。

8 月 27 日，我乘火车到北京站下车。学校派了一辆大轿车把我们送到西郊车道沟路北一个大院内，有工作人员和高年级同学帮我们把行李送到一排平房中。房内只有从东墙至西墙铺着稻草的地铺。我心想："这就是我心中向往的国防大学的宿舍呀？还不如我们初中、高中时的宿舍，都支有铺板。我们四十余名男生的宿舍，却只有稻草！"这使我有些失望。第二天报到登记，我才知道我是仪器系雷达专业 9543 班，这使我很满意。可谓有失有得，事物都有它的两面性。

2. 我最崇敬的人——奥斯特洛夫斯基

我入学填写的第一个登记表中的第一项是"你最崇敬的人"，我当即填写上了"奥斯特洛夫斯基"。他是《钢铁是怎样炼成的》作者。书中的主人公保尔•柯察金的原形就是作者本人。保尔说过一句令我特别感慨的话："一个人的生命应当这样度过：当他回首往事时，不因虚度年华而悔恨，也不因碌碌无为而羞愧。"后来，我在书摊上看到一本《奥斯特洛夫斯基演说书信论文集》，尽管家境贫寒，我还是买了这本书。我从这本书中发现他在写给朋友的书信中也写有这句话。几十年后，我在《从我做起》中曾引用过其中的一段话：

"我要'活到老，学到老，做到老''正人先正己''严以修身，严于律己'。当我离开人世的时候，既不因虚度年华而悔恨，亦不因碌碌无为而羞愧！因为我尽力了，学而时习之，不亦乐乎！既不因登天堂而喜，亦不因下地狱而悲！哭着来人世，笑着归自然！不知为谁来，当知为人去！什么是快乐，助人为乐，为人活着快乐，死去亦当然！”

3. 入学第一课——劳动

入学报到的第二天，学校组织我们一年级新生步行到“八一湖”（即现在的玉渊潭），用铁锹或镐把湖底挖深。当你看到由于你的劳动湖底加深了，心中喜悦之情油然而生，会有成就感。

我们的老院长、中国杰出的教育家徐特立当年在《论国民公德》一文中说“爱祖国、爱人民、爱科学、爱劳动、爱护公共财产”为国民公德。我认为德、智、体、美都是建筑在劳的基础上的。人类最初的教育，就是从成年人把制作生产工具的技能传授给青少年开始的。劳动创造了人类，劳动创造了人类社会，劳动推动着人类社会发展。所以说劳动是神圣的。

4. 少而精——少则得，多则惑

开学后，我从教学计划中了解到：我们本科五年制，总学时 5 500 学时，教科书全是从苏联翻译过来的，可以说是“全盘苏化”。这与教学改革后对比一下，四年本科总学时不过 2 400 学时。一目了然，削减学时，改得好！为什么说改得好？因为当年我们深感负担过重，这事被毛主席知道了，他老人家指示：要少而精。“少则得，多则惑。”毛主席老人家是非常精通传统文化的。习近平总书记的诸多讲话也多引用古圣先贤的名句。他在十九大讲话中最后总结讲“大道之行，天下为公”，就出自西汉《礼记》。因此，我认为理工大学本科也可以多开设一些优秀传统文化课程，这是当代大学生智慧的重要来源之一。

5. 文体活动非常丰富

我们当年在学生会组织领导下，设立了许多社团，我记得有：京工广播社、管弦乐队、军乐队、合唱队、舞蹈队、京剧团、摩托车队、田径队、足球队及其他各种球队，其中足球队是北京市高校冠军。每天下午 4：30 以后操场上全是同学在活动，没有一点空地。我们班每天早晨 6 点起床，由体育干事集合跑步，我们男同学由现在的西南校门沿魏公村路向东，再向南跑到中央民族学院东门，然后返回，共计 5 000 米。每天早晨跑 5 000 米，5 年坚持不断。

6. 物极必反

我在 9543 班曾担任团支部书记。组织委员朱明远、宣传委员刘凤卯，他们二位都是党员，我只是团员。我们三人工作配合得也不错。由于我在中学时就一直做青年团、学生会的工作，所以在同学中有一定的威信，我说的话大家也愿意听。因为我是以奥斯特洛夫斯基为榜样：一心为公，为全班同学服务，不惜占用许多学习时间，甚至影响自己的学习。做事需要细致、周到，要保证万无一失。然而，由于严格要求自己的同时也严格要求别人，而不是严于律己，宽以待人。这使我发现了一个现象：过犹不及，好心不一定能办好事。古人讲：物极必反，就是这个道理。

7. 善于学习

我在中学时是十分重视学习成绩的，因为学习好、分数高就会得到老师的表扬和同学们的称赞。这使我走上了唯分数论的道路，看同学也是以分数论高低。得到高分的办法就是死记硬背。到大学之后这套办法不灵了。第一学期第一次考试，考化学（两大厚本），这门课共40学时，一堂课下来，40页过去了……中学那种死记硬背的方法不灵了，所以考试就不及格。此后我这个中学时成绩优秀的学生，在大学变成了及格生。后来，读了毛泽东《中国革命战争的战略问题》，才知道问题出在还不善于学习。学习不是要做知识的奴隶，而是要做知识的主宰者，要知其然，知其所以然。

8. 十三陵水库的劳动

1958年4月22日至5月1日，学校组织我们到十三陵水库参加义务劳动。我们9专业1954级三个班中比较健壮的男生组成了一个排，我们9543班男生约30余人编为一个班，我任班长。我们是夜班，晚10时到工地，早晨6时下班，其中夜间12点休息半小时，吃夜餐。第一天晚上10时到达工地，任务是把库底的沙土用独轮车沿着竹排送到大坝顶部。开始我推一辆车不习惯，车两旁要各有两人辅助，以防歪倒。后来改为两旁各一人，不久我就可以独自驾车了！夜间12点，休息、加餐，窝窝头加咸菜，大家吃得很香、很高兴！

后半夜，忽然来了许多解放军战士，他们肩挑扁担，一次将两筐土送到坝顶，来回奔跑。他们要和我们比赛，我觉得我们身强力壮，一定能赛过他们。我跑了不到两次，不觉汗流满面，内衣都湿了。早上，六点钟收工，按班排整队集合，我站在我们班的队首，当时只有两个念头：一是我一定要稳住，千万别摔倒；另一个就是最好立即躺在地上……我太累了！

这是我一生中最辛劳的一次劳动。经历了如此高强度的劳动，从此不再怕任何艰难困苦！人生的锤炼也是如此，不经历风雨，怎能见彩虹！

9.“这个学生一定要把他留下”

当遇到一位不善于讲课的教师，怎么办？是不是学不好就赖老师呢？当年我学“无线电技术基础”这门专业基础课程时，恰好遇见一位讲不好课的老师，不但讲不好，还经常讲错。我只好躲到教室的最后一排座位，自己看书。后来，只要发现他讲错或写错时，我就记录下来，以便给他提意见。恰好我们系号召学生写小建议，帮助老师改进教学。我便把我记录的这位老师写错的地方整理了十余张小建议。没想到，到了1958年7月的一天，系里来人到我们班点了几个同学的名，我也在其中，叫我们到系主任办公室开会。李宜今主任笑着说：“把你们调出来了，当助教！”当时，我是想毕业后到国防工厂直接参加社会主义工业化建设，将来当一名红色国防工程师。最怕当教师，却反而要当教师。

过了许多年，我与我同宿舍的金老师一起散步，不觉走到了李主任家门前，正好碰上他刚出门，他当即十分热情地约我俩到他家坐坐。盛情难却，便跟随他进入他的房间。谈话间，他问我：“你知道为什么把你留校？因为那年你写了不少小建议，我看了好几张，每张都写的文字不多，既简短又准确，使人一目了然！当时，我就想：这个学生一定要把他留下。”这个决定使我走上教师这个岗位！

二、大 学 之 道

《大学》上讲：“大学之道，在明明德，在亲民，在止于至善。”“明明德”就是说：要明白日月之德在于永远无私照耀天下万物生长！“在亲民”，指亲近人民，全心全意为人民服务，人民的需求就是我们的任务。

1. 大公之道

回顾大学四年，从填第一张登记表，崇敬奥斯特洛夫斯基开始，经过当团支部书记、各种义务劳动、入党教育等，我增强了公心，减少了私心，增强了党性。正如老院长徐特立所说：“国而忘家，公而忘私，是我们中国的遗训。我们中国共产党人继承之且发扬之。”习近平总书记告诫全党：“作为党的干部，就是要讲大公无私、公私分明、先公后私、公而忘私，只有一心为公、事事出于公心，才能坦荡做人、谨慎用权，才能光明正大、堂堂正正。作风问题都与公私问题有联系，都与公款、公权有关系。公款姓公，一分一厘都不能乱花；公权为民，一丝一毫都不能私用。领导干部必须时刻清楚这一点，做到公私分明、克己奉公、严格自律。”这段话里连用了 14 个“公”字，可见一心为公是多么重要！天下为公，天下唯公；公天下，公贵齐高天，公重比大地。是故大学之道者，乃立德树人之大道也，乃“为天地立心，为生民立命，为往圣继绝学，为万世开太平”（北宋张载）的大公之道。

2. 中庸之道

早在公元4000年前，尧年迈传位于舜，告诉舜说，你要知道“天之历数在尔躬，允执其中”。是说天道在于你能不能把握住一个“中”字。可以说中国文化讲：为人、为学、为教、为政的核心理念就是一个“中”字。从容中道，不过，亦无不及。“中也者，天下之大本也，和也者，天下之达道也。”中为大本，和为达道，乃中国平稳可持续发展之道——大中华之道也。人类社会发展必须“和”，和谐才是发展的大道理。其本在“中”，在“允执其中”，“执中”，中国之“中”也。中华民族共同的和谐的大家园，便是我们可爱的国家——中华人民共和国，名如其国，国如其名——蕴含着中国优秀传统文化的哲理：中、和！这就是善！

子思之所以重撰《中庸》，就是为把《大学》“止于至善”解释清楚。用我们老院长徐特立的话说，就是“恰到好处，恰如其分就是善”。所以习主席提出：共建人类命运共同体就是善，实乃大善、大爱之道也。

3. 大爱之道

爱因斯坦晚年发现“爱是最强大的力量”，他认为：“如果我们要找到生命的意义，如果我们想拯救这个世界和每一个居住在世界上的生灵，爱是唯一的答案。”所以具有最强大力量的爱，可称为大爱。大爱无疆、无限，乃自然之本，亦自然之道、宇宙之道。

我校70周年校庆时，凤凰卫视制作了徐特立的电视片。编导打电话要求我为该电视片起个片名，我当即回答：“就叫‘大爱育人中华魂’”。他也当即回答；“就这么定了！”

2011年，胡海岩校长委托我为我校校训“德以明理，学以精工”写一篇解释其意义的论说。我当即写了《微言校训之道》。经胡校长审阅，由校报发表。该文的结语是：“有大爱始有大善，有大善始有大德，有大德始有大道，得大道者，有大智慧，是谓古之圣贤，今之大师也。有大师尽修德育人之道，达致中和之大爱，则党国幸甚，人民幸甚。是余尽一隙之明，言一孔之见以释我校训之微言也。”

习近平总书记指出：“教育是一门‘仁而爱人’的事业，爱是教育的灵魂，没有爱就没有教育。”他看了不少优秀教师的事迹，“很多事迹感人至深，催人泪下。这就是人间大爱。”大爱无疆！故有大爱始有大公、大善、大德、大道，达致中庸，致中和。中也者天下之大本也；和也者天下之达道也；达道者乃发达、发展之大道也！此亦余微言我们的大学之道也。

作者简介： 戴永增，1933年11月生，河北省深州市人。1958年7月毕业于北京工业学院无线工程系，留校任教，从事高等教育和教育研究工作四十年。参与创办北京理工大学秦皇岛分校，并主持分校工作。曾任中国延安精神研究会会员、理事，中国兵工学会会员。先后主讲线性电路、电路基础、导弹无线电设备结构与工艺、无线电遥控原理等课程。自1987年开始从事教育思想理论研究。整理编纂《徐特立文存》(五卷180万字)。曾先后在光明日报、人民教育、中国校园文学、中国风、徐特立研究和北京高校研究等报刊发表文章。

寄语大学生

姚德源

一、大学生要养成体育锻炼的习惯，争取为祖国健康工作五十年

1. 半个多世纪的长（常）跑情

我自青少年时代就喜爱体育锻炼，并养成了长跑习惯，这使我一生受益。

我的长跑活动始于 1953 年。那年 8 月 9 日，我国优秀游泳运动员吴传玉，在罗马尼亚举行的第一届国际青年友谊运动会游泳比赛中，以优异成绩获得男子 100 米仰泳第一名。这是中华人民共和国成立以来中国运动员在国际体育赛事中第一次获得冠军，让中国人扬眉吐气。我时年 15 岁，在北京汇文中学读初三，受到鼓舞，顿时和几个同学组织了“吴传玉锻炼小组”。但那时游泳设施很不普及，只能每天早晨在操场进行长跑锻炼。这一跑就是半个多世纪，一直跑到古稀之年。

能坚持这么长时间长跑锻炼自有其乐趣和原因，那就是这项运动“技术含量不高”(但作为竞技比赛中长跑运动的技术含量可不低！)，有腿就能跑，有路就能跑，并且强身健体效果明显。常年坚持跑步使我受益匪浅：身体健康、精力充沛，在长期繁重教学和科研工作中，未因身体健康原因感到力不从心。

1958 年代表学校参加北京市高校运动会与中长跑组部分运动员合影

值得一提的是，一些解决科研难题的灵感居然产生于清晨跑步中，一些生活中不愉快的纠结化解于清晨跑步中。

大学期间一面参加大学生体协的社会工作，一面积极参与体育锻炼，是学校田径队中长跑组队员，曾代表学校参加北京市高校运动会。“为祖

国健康工作五十年”这个口号就是当时高教部蒋南翔部长在高校运动会开幕式上对青年学子发出的号召。从20世纪五六十年代北京春节环城赛到八九十年代每年三月份北京国际长跑节（5公里或10公里的跑程），还有十月份北京国际马拉松，经常看到我的身影（参加10公里或20公里的跑程）。学校田径场跑道、紫竹院公园、京密引水渠河畔、颐和园昆明湖畔都留有我跑步的足迹。

我以70高龄最后一次参加北京国际马拉松赛事，五十几分钟跑完10公里（如果超过一小时，将被拒之终点线门外，被收容车收容）。

退休移居育新花园后，我组织了小区近二十位“跑友”参加理工大学长跑俱乐部分部，以跑会友、切磋跑技，共享跑步带来的健康和快乐。我们每天坚持活动，每周有一次长距离越野跑，跑步路线往东跑到天通苑，往西跑到百望山，往北跑到航天城，往南跑到奥运村公园，方圆几十公里都留有我们跑步的足迹。粗略估算：如果按每天平均跑3公里，一年就大约1 000公里，50年就有5万余公里；地球赤道一圈约4万公里，半个世纪累计起来的跑程也可绕地球赤道一圈多了！不亦乐乎！

2. 对当前开展群众长跑活动的“喜”与“忧”

据媒体报道，北京国际马拉松赛事3万个名额，往往在开始报名若干个小时内被报满。这个信息表明今天的人民群众对长跑运动的广泛喜爱和高涨的热情。这是我的“喜”。

但也不时有媒体报道在众人参与的挑战人类体能极限的大型马拉松赛事中，由于组织管理、后勤保障不到位以及个人缺乏科学跑步训练而发生人身伤害事故，从而有些学校平日不敢大力开展长跑运动，甚至运动会上取消了长跑项目。这是我心中的“忧”。

没有大家广泛参与和普及的长跑活动，当然就不会产生优异的竞技长跑成绩，在国际大型中长跑比赛的领奖台上常常见不到中国运动员身影。联想到目前中国足球落后状况——那么多职业足球俱乐部球员，甚至有些国脚在3 000米体能测试中达不到12分钟的及格线，怎能不让人担忧呢！

二、大学生要养成使用图书馆的习惯，让图书馆成为你们获取知识的殿堂

图书是人类进步的阶梯；图书馆是汇集图书的地方。我多年养成使用图书馆的习惯，使我学习、工作、生活受益匪浅。从小学到图书馆借阅商务印书馆发行的《儿童世界》读“司马光砸缸”的故事起，一直延续到现在到图书馆借阅医治心脑血管疾病的专业医书，从早期抽屉匣卡片查目录检索，到现在电脑检索、可跨馆跨地域借阅稀缺读本，从过去只有纸质图书到现在增加了电子版图书和声像资料，虽

然图书馆从内容到管理发生了巨大变化，但图书馆作为“人类获取知识殿堂”的功能没有改变。

我经常在学校图书馆看到大学生们（不是少数）把图书馆当成了自习室，书桌上摆放着自己带来的教科书、讲义和作业，却很少取阅书架上的图书。身在图书海洋中，却不会利用这些丰富的图书资源，太可惜了！这种不会使用图书馆的习惯怎能将大学生培养成具有创新精神的人才呢？因为创新是建立在继承基础上的，没有继承，哪来创新？继承需要博览图书，“读书破万卷”！

几十年的教学科研生涯，我一直与图书馆相伴。学校图书馆、国家图书馆、国防科委图书馆、科学院图书馆等，都是我常去的地方。在国（境）外访学期间，我也常常逗留于各图书馆。

图书馆是获取知识、探求真理的地方，它是非功利场所。走进图书馆，不仅能读到好书，而且能让人远离人间恩怨是非，仿佛世外桃源！

说到图书馆就要说到书。当前出版业很繁荣，出书也不是什么难事，有的高产作者一年能出五六本书。书店、图书馆书架上的新书琳琅满目。这使我想起国学大师、翻译大家季羡林生前曾针对翻译图书市场乱象说过的话：“（翻译图书）精品不多！”季老这句话道明写一本好书之不易，拥有一本精品当倍加珍惜。笔者爱读书，家中书架上也有不少书，知道写书不容易，从不轻易卖掉旧书！每年暑假前，在校园都会看到学生毕业离校前卖书的热闹场面，我感到很纠结，真想上去告诉他们：经典教科书不要随便卖，留着工作后需要时查阅用，或对平时没学好的知识慢慢“咀嚼”用，因为“书到用时方恨少”！

“爱读书、会读书”应该是培养具有创新精神大学生素质教育的核心内容之一，而实现这个目标离不开图书馆，大学生一定要养成使用图书馆的好习惯。

三、大学生要牢记青年人成才是“干”出来的

党的十八大以来，习近平总书记在不同场合多次说到这个“干”字，“撸起袖子加油干”“我奋斗、我幸福”，奋斗就是“干”。在庆祝改革开放40周年大会上，习总书记有段讲话非常精彩：我国“40年来取得的成就不是天上掉下来的，更不是别人恩赐施舍的，而是全党全国各族人民用勤劳、智慧、勇气干出来的”。又是一个铿锵有力的“干”字！总书记反复地说“干”的底气就是来自对中国特色社会主义的道路自信、理论自信、制度自信，中国人民认准了方向，就坚持不懈地去干，取得了辉煌成就。这个“干”字道出了人生哲理，是青年人成才必走之路！

我于抗日烽火年代出生在一个普通知识分子家庭，受到良好的家庭教育，幼年的磨难经历使我对旧社会有感性认识，对新、旧社会有比较。加之求知欲旺盛、精力充沛和勤奋的性格，在我世界观、人生观形成的青少年时期接受的是红色正能

量教育。特别是在我知天命以后的职业生涯中遇上了改革开放好时期，为我个人成就事业搭建了平台，这里我愿将自己的一点人生感悟写出来和年轻学子们共享、共勉。

人活在世界上要有理想、有目标，既要有长远的大目标，也要有近期的小目标。目标认准、确定后，就要持之以恒地去干，不要动摇。就拿我的健身术“长（常）跑情”来说吧，从 15 岁形成的习惯，一直坚持到 70 岁，这个“正能量”的“初心”就来自毛主席“身体好、学习好、工作好”的号召，身体好了有利于学习好，“工作好”引导我积极参加社会工作，也没想到后来能被学校评选为“三好学生”。养成长跑这个习惯使我终身受益，实现了“为祖国健康工作 50 年”的愿望。

学生的本职就是读书学知识，有了正能量的学习目的、学习愿望或学习兴趣，还要有好的学习方法。学生获取知识的主战场是在教室里直接从老师和教科书中得到，但为了把课堂知识学牢、学活，能培养出创新精神，这是远远不够的。我想到的是，一本“好书”凝结着写书人的智慧和心血，是我们获取、继承前人知识的捷径，有了继承才能在此基础上创新。图书馆是汇集图书的宝地，青年学子一定要跟图书馆“交朋友”，常去图书馆，养成博览图书、使用图书馆的好习惯，这是攀登“人类进步阶梯”在事业上成才的必由之路。

我是于 1956 年考入北京工业学院火炮专业学习的，那时国家急需保卫国家的军工科技人才。走进校门，映入眼帘的是高高悬挂着的“热烈欢迎未来红色国防工程师”的大红标语，让我心中产生一种光荣感、使命感。我想这就是早期心中形成的“军工魂”吧。1958 年转入火箭技术专业学习，1960 年提前毕业留校从事导弹设计专业建设、教学和科研工作，直到退休。一干就是几十年，风风雨雨中教书育人，为国防现代化和国家强盛奉献智慧和汗水。忆往抚今，每个点滴成绩的取得都是在“坚守军工魂，圆我强国梦”激励下“干”出来的！

1995 年 9 月，在新学年开学典礼上，我作为教师代表在祝福大学生们开始新学年生活的讲话中，曾寄语大学生“要德智体美全面发展，做一个政治上合格、业务上过硬、体魄健康的社会主义事业建设者和接班人”。大学生在校期间交好“图书馆”和“操场”这两个好朋友，会使你终身受益。

我校是党在延安亲手建立起的第一所理工科大学，有着光荣的革命传统，为怀有梦想的年轻人发展、成才提供了广阔的平台和发展空间。我校又是国家第一批认定的“双一流”重点理工科大学，具有中外融汇、古今贯通、文理渗透的办学理念和风格。高等学校不仅是青年学子掌握科学知识的殿堂，而且是你们追寻科学精神的圣地。追求科学精神就要有求真求实的作风。正说明求真求实的过程是个漫长过程，人们在求真求实的道路上往往会遇到荆棘和坎坷，甚至可能遭受误解。追求科学精神、求真求实还意味着拒绝虚假、恪守诚信，提倡说真话。青年学子要守住这条道德底线。在我们增强国家硬实力的同时，学校还担负着增强国家软实力的重大历史责任。

当今国内外大环境与我们读大学年代的环境大不一样了：现代互联网多媒体扩大了人们观察世界的视角；科学与技术融合发展产生了大量颠覆性的装备，在改变着人们的传统生产方式和生活方式；科学和人文的融合促进了青年人的自由全面发展，激发青年人的想象力和创造力；不同文化的融合促进了不同国家、不同民族间的互相交流，使得人类文明更加多姿多彩。习近平总书记还为我们构织了“人类命运共同体”的国际社会巨幅蓝图，怀着军工魂、强国梦的学子们将是蓝图的实践者。这样的时代要求学校培养具有诚实品格、勤奋作风，富有想象力和创新精神的社会栋梁。年轻人，在这个时代大舞台上去干、去拼搏、去奋斗吧，成功属于勤奋做事的年轻人。

作者简介：姚德源，1938 年 8 月生，河北人。原宇航学院教授。1956 年考入北京工业学院；1960 年 4 月提前毕业留校，任教于导弹设计教研室；1999 年退休。

曾任北京理工大学教学指导委员会委员、北京振动工程学会常务理事、中国运载火箭技术研究院第 14 研究所受聘博士生导师。曾讲授火箭技术导论、导弹结构与设计、导弹结构振动、统计能量分析原理及其应用等本科生与研究生课程。

于国内外发表论文 40 余篇；国内出版著作（含编著）4 本，其中《统计能量分析原理及其应用》（北京理工大学出版社，1994 年）获北京市优秀图书奖。

主持科研项目 5 项（其中 2 项获部级二等奖、2 项获三等奖），参加科研项目 2 项（获部级奖）。

对大学生和中青年谈健康

傅上之

一、大学生和中青年的健康不容忽视

对长期超负荷学习和工作的大学生、中青年脑力劳动者而言，中枢神经处在紧张状态，如果不注重心理调整和体育活动，将导致交感神经兴奋增强、内分泌功能紊乱，易产生身体疾病，最终降低学习和工作效率，提前走向衰老。

青春如金，青春宝贵，人生正值好年华，精力旺盛，这会给不少大学生和中青年们一个错觉，即“青年人病不倒，垮不了，现在学习、工作最重要，不锻炼身体也无妨”。况且有太多的东西要学，有太多的工作要做，而依仗青春活力，年轻人往往过多地消耗精力和体力，忽略了健身锻炼。他们有现代人的文化素养，有现代人的成就条件，但却缺乏现代人的健康观念，体育意识和保健、养生策略。当代知识分子得到的成就，一定程度上是在拼体力、拼精力的基础上取得的。现在的大学生和中青年，其健康知识和体育锻炼意识很缺乏，他们只知学习、工作，却不知道爱惜身体。每每说起来健康重要，做起来却是办不到。

随着我国经济的快速发展，生活水平持续提高，医疗水平不断改善，但没有使众多大学生青年们对生活质量的认识提升，许多人没有把自觉参加适量的体育活动当作生活水平提高的标志。

全国各大学、中小学都在实施素质教育，在素质教育中，体育能够起到重要的作用。如何把大学生们吸引到体育锻炼中来，教育部门应该在体制、方针、制度等方面下大功夫、大力气。健康是人生最大的财富，锻炼是争取健康的法宝，身体是营造知识大厦的基石，运动是事业奋斗路上永久的伴侣。

二、大学生、中青年们应关爱健康

在现实生活中，不少人往往在学业和事业上获得成功的时候，却失去了健康，有的甚至英年早逝，给家庭和社会带来很大损失。可是，有人发出了疑问和无奈的感叹：学业、事业和健康难道是“鱼与熊掌”不能兼得吗？

大学生、中青年是社会的一个特殊群体，他们通过大脑的劳动，积累知识和专业本领，将来为社会创造财富。为了取得优异成绩，为了攻读学位，他们往往废寝忘食，昼夜苦干，置健康于脑后，若被疾患所困扰而后悔晚矣！

当今大学生、中青年生活中存在着对健康不利的种种弊端：其一，熬夜现象极为普遍。“日出而作，日入而息”这是千百年来人们的健康指南。然而在大学生和中青年中熬夜者实属普遍，要知深夜用脑过度会使机体的节律产生紊乱，从而出现精神疲惫、食欲不振、注意力分散、思维迟缓、失眠多梦、烦躁易怒等。其二，双休日利用不合理，双休日成了懒觉日，不吃早餐，或者迷迷糊糊留恋于上网。究其原因：一是观念未更新，把休息日作为纯休息；二是缺乏良好的体育锻炼及休闲文化习惯；三是个人、单位没有系统的规划设计。为防止双休日的校园文化步入“误区”，要有新休闲和健康观念，应认识到双休日不只是延长了休息时间，而是国家在发展中有意识地给广大学生们创造了休闲文化的空间，让大学生和中青年们得以娱乐身心、调整精神、扩大视野、提高素质。其三，应充分发展大学生社团的组织作用，让学生们形成自己管理自己、自己教育自己的良好自觉的风气。各社团组织要在团委、体育部、学生会的协调下，制订可行性计划，组织体育竞赛、舞会、书画展、演唱会、演讲会等大学生、中青年们所喜闻乐见的活动。

淡漠的健康意识深深地侵蚀着最需要健康的大学生、中青年们，成就学业与增进健康成了大学生、中青年人们的主要矛盾。应该说，学业与健康是矛盾的统一体，没有健康的身体，谈何学业、事业！

健康是生命航船的载体，在人生浩瀚的大海中航行，请大学生、中青年朋友们关爱与珍惜自己的健康！

作者简介：傅上之，1935 年 9 月生，浙江绍兴人，原体育部教授。1955 年 9 月中央体育学院（现北京体育大学）毕业后，分配到北京工业学院（现北京理工大学）工作，1996 年 1 月退休。曾获评北京理工大学先进工作者荣誉称号。

我的大学生活

曲折漫长的求学之路

万春熙

路漫漫其修远兮，吾将上下而求索。

——《离骚》

一、从华北大学工学院到北京工业学院

1951 年 9 月，我从北京师大附中毕业后，考入了华北大学工学院（即北京理工大学前身）机械系，本科五年制。当时主持工作的是副院长曾毅，他早年曾留学法国，文质彬彬的；他邀请了多位知名学者来校任教。学校原址在东黄城根，校舍面积有限，为了容纳大量的新生，在西郊车道沟赶建新校舍；来不及盖大楼，教室和宿舍都是简陋的平房。

西外京郊十里，海淀车道沟旁；
北依小桥流水，红砖红瓦平房。
机一甲班学友，来自四面八方；
当年风华正茂，有缘在此同窗。

我们的教室① 王义详绘

① 《我们的教室》《我们的宿舍》配诗及画作均转载于《忆春秋》。

无棚露顶木桁，八腿连铺板床；
管它夏热冬凉，倒头就睡真香。
我们年轻力壮，艰苦奋斗刚强；
多少美好理想，伴我进入梦乡。

我们的宿舍，王义详绘

我报考华北大学工学院的主要理由是：有“包干制”——学校把吃、穿、住、用（津贴费）、学（讲义、机械制图仪器等）全包了。当时经济正在复苏，社会生活尚不富足，“包干制”解除了学生们的后顾之忧。因此，报考我校的人很多，录取分数高过清华，为全国之冠。

但匆匆新建的校舍，教学与生活设施都很不完善，尤其是图书馆特别简陋。幸好，在教学方面，数学、力学、物理、画法几何、机械零件等重头基础课都由教授主讲，他们讲课很出色。实验和实践环节的老师和设备也不错。

1952 年，华北大学工学院改名为北京工业学院，院长魏思文。我所在的机械系设立 5 个专业：火炮、自动武器、炮弹、引信和光学机械。我所在的机一甲班更名为 1511 班（1 专业、51 级、第 1 班）。教学计划全盘转向苏联模式，专业教材内容是苏联专家提供的，考试以口试为主，按五分制评成绩。

二、从火炮专业到炮弹专业

1953 年秋，我被选调团委会学习委员兼机械系团总支书记，半脱产，按照要求，我得把一年的课程分两年学。因为这个工作占用我的学习时间，还要降级，我心里很不高兴，但最终还是服从组织安排，认真地干了下来。

1954 年秋，我只好自降一级，转入 1521 班学习三年级的另一半课程。

1955 年寒假，机械系分解为三个系：火炮和自动武器专业组成第一机械系，炮弹和引信组成第二机械系，光学机械专业另立仪器系。我被调任第二机械系团总支书记，但我的火炮专业却在第一机械系，学业和社会工作势必分裂，这让我很苦恼。我只好对领导说：“那干脆把我的专业也转到炮弹去吧。”当时，大家都不喜欢

炮弹专业，都认为炮弹简单（这其实是浅薄之见），没有人主动要求学炮弹，于是批准我转到炮弹专业3521班。其实我自己当时也不想去炮弹专业，硬着头皮去的，心中有所不甘。

我在中学时代就有泡图书馆的习惯，学校图书馆太简陋，但北京图书馆、清华大学图书馆和科学院图书馆都是开放阅览的。我从俄文双月刊《火箭技术问题》中发现了个新事物："可操纵的炮弹"（从俄文直译，源于英文guided missile；中译名"导弹"是1957年之后才流行起来的）。于是便多方搜集资料，用了8~9个月的时间，写成了一篇科普性文章，初稿题目是"可操纵的炮弹"。撰写此文的初衷是给炮弹专业的同学们鼓劲：不必自我贬低炮弹专业，炮弹领域里也是有很大学问的。但这个从俄文直译的词组很别扭；因为炮弹发射时的冲击力太大，一般的guided missile都承受不了，需要采用火箭推进。经反复推敲，最终把文章定名为"可操纵的火箭武器"，以笔名发表在1956年4月27日出版的《北京工业学院》校刊上。

一不做二不休，我索性给魏思文院长和第二机械系主任颜鸣皋各写一信，建议在第二机械系建立"可操纵的火箭弹"专业。魏院长没有回复，颜主任却打电话表示很支持我的建议，但暂时还无法实行，要等一等再说。（颜鸣皋教授是金属材料专家，当时兼任科学院应用物理研究所研究员；1957年年初调离北工，改任适合他专长的某航空材料研究所所长，从而对我国耐热金属材料的研究做出了奠基与开拓性贡献；改革开放后被选为科学院院士。）

此后，我就一发不可收拾，千方百计地搜集火箭导弹的科技资料。不仅常跑图书馆，还到天桥邮局（外文期刊订购点）自费订购了《火箭技术问题》，去专卖俄文进口书籍的王府井外文书店"巡视"。王府井锡拉胡同有个内部发行组，专售从欧美引进的科技书刊，也逐渐出现了火箭导弹领域的书籍；1957年预告要引进英文版《导弹设计原理》丛书前四卷，但要预订，订金19元。那时我已复学，"包干制"早已取消，我吃穿学用的生活费全靠我三姐每月支援20元，她只80元左右的工资还负有赡养老母亲的重任。在如此拮据的境况下，我那善良慈爱的姐毫不犹豫地为我预付了那套《导弹设计原理》前四卷的订金。

三、从炮弹到火箭增程弹

1955年10月，钱学森回国。翌年，国家开始制定"12年科学发展规划"，其中一大项目就是喷气技术，主要指火箭导弹。

1956年9月，我终于复学，再降一级，转到3531班学习本科四年级的课程。

苏联，1957年8月发射洲际弹道导弹成功；10月，发射人造卫星成功。

美国，1958年1月发射人造卫星成功：8月，半程试射洲际弹道导弹成功。

日本，1954年起，东京大学开始搞探空火箭，带头人糸川英夫（日本人把他称为“火箭之父”)。他们从很小的火箭开始，1958 年发射了 K6 型探空火箭，射高约 60 km，当时是亚洲纪录。日本人的心思显然不限于探空火箭。

这些信息引起国内的关注。我们在那充满激情的年纪，都有一种愿望、一股热情，一种不甘人后要把我国的科学技术搞上去的心愿。

1957 年暑假后，在第二机械系里成立了机密的“(火箭导弹)新专业筹备组”，包括周伦岐(1957 年年初调入北工，任第二机械系主任)、杨述贤、苗瑞生、王元有等。

1958 年，北京工业学院终于成立了导弹系，请来了苏联专家。

1958 年 6 月，我在第二机械系已修完本科五年的课程，完成了毕业设计，正在等待毕业答辩的时候，指导老师王守范先生对我说：“学校要搞‘八一献礼’，我们要找个科研项目参加。”受到俄文版《火箭技术导论》里一幅“火箭增程弹”简图的启发，我们提出了自己的火箭增程弹项目。王老师指导的另一位同学肖一揆(现名肖一民)也加入进来，我们利用口径 152 mm 的炮弹弹体，把圆柱部改成了火箭发动机，很快设计出一个火箭增程弹。接下来的加工和试验过程虽然困难复杂，有第二机械系机工车间的田凤桐、胡化民二位师傅大力支持，还有多位老师同学的鼓励支援，只用了一个多月的时间，就通过了地面试验和靶场试验，顺利地参加了军委举办的“八一献礼”展览会。

北京工业学院的“八一献礼”展出了十多个科研项目，虽不是过硬的成果，但也是创举，有轰动性效果；刘少奇、朱德、周恩来等在京的中央领导同志都来看了展览会，钱学森也来了。

我们的“八一献礼”打破了一些潜规则和思维中的惯性，在国内率先表明了大学也要创新，也要进行科学研究的强烈意向和强大潜力。

四、北工探空火箭(代号 505)的诞生

“八一献礼”之后，化工系的许又文老师知道了我们的研究，找到王守范老师和我，说道：“化工系有火箭推进剂的技术，我们一起合作起来搞探空火箭。”这成为我进入探空火箭研究领域的契机。

老院长魏思文和其他多位院系领导都大力支持我们研究探空火箭，因其符合学校从常规向尖端转型的大方向。研究探空火箭需要涉及十多个学科专业，抓住一点可以带动一大片。于是在 1958 年 8 月初，北京工业学院启动了探空火箭科研项目，为保密称之为 505。

探空火箭研究工作确实发挥了“以点带面”的作用。其中，火箭发动机、弹体结构、空气动力学和弹道学等由第二机械系负责研究，地面发射装置由第一机械系负责。化工系负责研究火药、点火药与延期药、燃烧室内壁绝热层、弹上电池以及塑料部件等课题。无线电系负责地面发射接收站、天线和弹上信标机等课题。后来

还加上了几种传感器，由仪器系负责；还曾考虑增加自动稳定系统，由自动控制系负责。

有了从上到下、同心协力的形势，505 科研队伍很快达到百人左右的规模。从 1958 年 8 月初到 9 月初，大家克服了不可计数的困难，一个月内就搞出了一个射高 10 km 的二级探空火箭，全长 2.75 m，全重 60 kg。

1958 年 9 月 9 日，在宣化炮校靶场进行了第一次飞行试验，共发射了两枚二级探空火箭。其中，第二枚火箭发射成功，飞行顺利；但雷达信标信号失联，头部回收伞没有找到；根据二级弹体落点参数等推算，火箭飞行高度约 9.7 km。

我们的探空火箭 1958 年 9 月 9 日始发之后，两年之内转战宣化、白城、昌黎、朱日和，组织了七次飞行试验，共发射二级探空火箭 14 枚，单级火箭 4 枚。其中，1959 年 1 月 20 日在昌黎靶场发射的探空火箭，射高达到 60 km，而且成功地跟踪测量了弹道上升段全程数据，这个成就至少与日本东京大学的纪录并驾齐驱；那可是当时的“亚洲纪录”。1960 年 8 月 28 日在朱日和训练场发射的探空火箭，射高 78 km，最大速度 1 470 m/s，已经逼近高超音速的门槛，这个成绩也是当时国内最好的。成功与失败交替出现于全过程①，在白城靶场的试验遭遇了最惨重的失败，也收获了最深刻的教训。

五、“谁能从失败中学习得更多，谁就能成长得更快”

505 第一次发射试验的初步成功，激发起了大家更大的热情和更高的期望，但也掩盖了许多深层矛盾。当时的口号是“十一献礼”，要求在 20 天内把射高达到 100 km，即增大 10 倍！这个任务并未经过科学论证，也没有周密的计划安排，知识储备和资源准备都严重不足，加工条件极差，尤其是地面试验所需的场地、设备、技术等条件完全空白，时间根本来不及。盲目乐观、追求“献礼”、违反科学研究规律的做法，导致了惨烈的后果：第二次试验彻底地失败了。

第二次试验的地点是白城靶场，时间是 1958 年 10 月 5 日。为了运送试验团队和物资，火车专列在路上走了两天，赶在 10 月 1 日抵达了白城。又经四天，千辛万苦完成了一切准备工作之后，在点火指令发出的瞬间，火箭发动机却轰然爆炸！爆炸震撼了现场每一个人的心，老院长魏思文也在现场。

第二天，在爆炸残骸旁，魏院长对大家说：“要把这次失败当作学习的好机会，谁能从这里学习得更多，谁就能成长得更快。”505 团队的上百人确实从失败中学习到了不少东西，大家以百折不挠的精神，开始了下一步探索。

---

① 关于北理工 505 探空火箭的七次飞行试验、技术关键与经验教训的总结以及回忆录等，请参阅《利箭长空》，北京理工大学出版社，2020 年 9 月。

六、探空火箭和野战火箭的交响合奏

1958 年 10 月中旬，505 从白城靶场铩羽而归。这时，我才有了一点时间去办理毕业手续和留校任教手续（因 505 任务需要，我被分配留校）。从 1951 年 9 月到 1958 年 10 月，历经 7 年多，我才拿到了本科毕业证书。

失败之后的 505 要怎么干？首先要把发动机弄好。为此，必须获得优质的发射药、钢管和加工条件。于是我们找到了太原，那里有 743 厂和 245 厂，那里也有大型火箭发动机地面试验场地等条件。当时 743 厂想搞野战火箭，他们有很强的加工力量，但缺少技术。于是双方达成合作协议：505 项目派人支援 743 厂的野战火箭研究，743 厂则为 505 项目提供加工条件。于是，1958 年 11 月初，我带着几位同学参加 743 厂技术科的工作；其他大多数老师同学，在太原当地继续进行新型号探空火箭的设计、加工和地面试验。

这以后半年，505 项目使用 743 厂加工的火箭和 245 厂的火药，在昌黎靶场进行了飞行试验，取得了可喜的成绩。

在同一时间里，我在 743 厂参加了两种野战火箭的研制。1959 年 4 月，这两种火箭在白城靶场进行发射试验，试验相当成功（其中一种火箭进一步改进后，于 1963 年定型生产并大量装备部队）。张爱萍和陈锡联两位上将一起视察这次试验。两位上将还召开座谈会直接向基层技术人员了解情况，我作为北京工业学院的代表发言。北京工业学院的老副院长尚英也到靶场观看试验和参会，还慰问了我校的参试人员。

1959 年 4 月，我完成了与 743 厂协作的任务，回到学校。我在完成一系列教学工作之余，及时地把半年来研究野战火箭的心得写成两篇论文。其中一篇《解火箭外弹道问题的近似方法》于 1964 年被选送到兵工学会成立大会宣读。

七、在职攻读研究生

1959 年春夏之交，领导通知我参加选拔在职研究生的考试。第二机械系只有我一个考生，系副主任李维临教授主持考试，考了理论力学和空气动力学；我通过了考试成为一名在职研究生。随后几年，我从事的各项科研教学活动，既是我的本职工作也是我的研究生学业内容。

1959 年 10 月，炮兵司令部下达了一个研制 70 km 火箭的紧急任务。系领导遂抽调我与几位五年级学生组成研究组，我给大家紧急补课，开展研究。经过一个月的紧张工作，我们在炮兵司令部参加了几次研讨答辩会之后，我们的初步方案被认可，并被指定与 724 厂合作。11 月，我带了 3 位同学到沈阳 724 厂参加该火箭的研究工作。

1960 年 4 月，我被从沈阳直接召到昌黎靶场参与了 505 项目的第六次飞行试验；接着又参加了 1960 年 8—9 月在朱日和训练场举行的 505 项目第七次飞行试验。紧接着，1960 年 9 月，探空火箭研究所（22 所）正式成立，归属于新成立的飞行器工程系，我被指定为 22 所的总设计室负责人之一。

校领导最初曾要求 22 所着手研究远程地对地弹道导弹；同时期成立的、从校导弹系衍生的 21 所则被要求搞一个地对空导弹；但很快发现这些想法太脱离实际，被及时放弃了。随后，21 所很快被解散。22 所则被明确要求继续研究探空火箭，并要抓住系统工程总体技术，进行科技攻关，积蓄力量准备冲击 100 km 射高的目标。

22 所对探空火箭的研究工作一直坚持到了三年困难的最后时期；尽管我们认真、踏实、勤奋、咬牙苦干，却再也不能获得起码的资源支持，不可能再干下去了。我们把全部资料总结下来，形成了 80 余册技术档案和高速摄像胶片等实物资料，留下了翔实、珍贵的历史记录。

1962 年 8 月，探空火箭研究所奉命撤销；我和六位研究方向接近的同事一起转入了同系的弹道导弹设计教研室。

八、505 的意义和启示：力量源于“团结勤奋”，办法来自“求实创新”

从 1958 年 8 月到 1962 年 8 月，我在求学之路上走过了四年紧张、复杂、艰难曲折的行程。我参加的这些大型科研实践是以 505 项目为主旋律、野战火箭为伴奏的交响乐章。在繁忙的工作中，我学到了许多书本上学不到的东西。

最难忘的是当时那个数百人的群体，在研究工作中发挥出来的团结合作、艰苦奋斗、坚持执着、探索创新、重视实践的精神和尊重科学的意向。

在 505 项目那样复杂庞大的系统面前，上百人团队中的每个参加者都埋头苦干、勤奋努力地工作；单独个人的作用显得很渺小，但却绝对不是无足轻重的，任何一个微小的失误都会影响全局。这时，人们自然要学会谦虚谨慎、团结奋斗和全局观念。勤奋是加法，团结是乘法，加法和乘法结合起来（还需排除负数）可以产生非常巨大的力量。505 项目的力量既来自每个参加者的勤奋工作，更来源于整个团队的团结奋斗。

505 项目的实践性要求人们必须面向实际解决问题，遇到失败和挫折必须准确地找到原因，针对性地提出解决方案。必须百分之百地实事求是，任何偏离科学规律的行为都将付出代价，甚至可能惨败到头破血流！

505 项目在实践中遇到的问题，95% 以上都是课堂上没教过的，也是图书馆里找不到的，必须独立探索、自行开辟道路。无论欧美还是苏俄，都不可能把看家本事教给我们。魏思文老院长曾讲过一个故事，他有一次对苏联专家说："苏联老大哥对中国真是大公无私啊！"但那位苏联专家却坦率地回答："院长同志啊！我们其实是大公有私的呀！"——魏院长用这个故事告诫我们：不能完全依赖和指望苏联专家。后来的历史事实也验证了这个道理。

解决实践中的问题必须走自力更生之路、创新之路，依赖洋人和故步自封都是行不通的。为了完成创新，必须把一切可能搜罗到的信息、资料和知识都运用起来，更要通过自己的独立思考，结合实际情况提出全新的构思设计，还要通过理论的推算论证，最后还需通过实践考验。必须把求实和创新密切结合起来。

505 项目在当时面临的科技难题，放在当前，可能已经不是问题。今天的年轻人能够站在现代科技水平的新高度，运用最先进的手段和充沛的资源去开拓新领域。这样的好条件，我们当年连想都不敢想。从当年的薄弱基础快速发展到今天的大好局面，是在党的领导下整个国家经过 40 年的改革开放才实现的。如果没有党领导的改革开放，这一切是不可想象的。

但我们这老一代人仍然可以为青年时期的历练自豪；尽管有众多的遗憾和未了的心愿，我们这一代，无愧于历史，也无愧于自己的人生。

如果我们的回顾和反思能给今天的青年学子带来一些有益的启示，那我们的任何遗憾都不值一提了。

九、怀念周伦岐先生

周伦岐（原名"纶岐"）先生是我的导师。我有幸师从周先生，是我人生的最大机遇，这个机遇弥补了我在本科求学过程中的一切遗憾。

周先生早年留美；抗战时曾任重庆第五十兵工厂主任技术员，重庆弹道研究所室主任等，1944 年赴美国阿伯丁弹道研究所进行合作研究；抗战胜利后在重庆大学任理论物理教授，后移居上海。上海刚解放，周先生立即投身于新中国的兵工事业，先在华东兵工局、博山工业干部学校工作，后调重工业部兵工总局，曾任第四研究所总弹道师等职。1956 年参加全国政协制定"十二年科学发展规划"讨论会。1957 年年初，周先生来到北工任第二机械系主任，从一级工程师转为一级教授（北工当年只有张翼军先生是一级教授）。

在我考取在职研究生之前，周先生已被调往新成立的导弹系。第二机械系由党总支书记郑尚谦兼任系主任，他很关心我这个在职研究生的学业，特地跨系登门邀请周先生做我的导师，周先生慨然允诺。当年，指导研究生对导师本人没有任何报酬。

周先生同我约定，每个周六下午，只要没有其他紧急事务，他就单独对我进行学术指导。他的许多高瞻远瞩、精深入微的研究思路和科学见解，使我得以窥见宏

大学术殿堂的一角。

1960 年秋，周先生任应用力学和数学系主任，他亲自指导几位青年教师开设几门新课，忙碌不堪（那时 22 所也刚成立，我自己也难得空隙时间），不得不中断了每周半天单独对我面对面的指导。但他一年多的密切指导已使我终身受益。

1962 年，周先生调任飞行器工程系主任，我们终于在同一个系里共事了。我仍时常向他请教各种学术问题。

1963 年 9 月，北京工业学院举行校内第一次学术研讨会。为此，我准备了四篇论文，经教研室讨论之后，其中三篇又经周先生许可拿到校级研讨会上宣读：第一篇《探空火箭的摆动运动》探讨探空火箭飞行中的动态稳定性问题；第二篇《二级固体燃料探空火箭参数的合理选择》属于总体设计问题；第三篇《单级固体燃料弹道火箭设计参数的分析与选择》是吸收了我对 70 km 火箭研究的心得。1964 年年初，第三篇论文又被选送到了中国航空学会成立大会宣读。

那几篇论文，只是我攻读在职研究生过程中的一部分理论性工作，也只是周先生指导成效的一小部分而已。

后来，在繁忙的业务工作重压之下，周先生和我自己都不可能花费时间和心思去考虑我们还需完成一些手续来正式结束我的研究生学业，以致我的在职研究生学业始终没有明确地画上句号，所以我现在还是一名没有正式结业的研究生。——不过，这也很好，我宁愿终身做一名大学生或研究生，天地人生就是大学，我的求学之路还长得很呢！

周伦岐先生于 1995 年 11 月 10 日逝世。国家科委主任宋健院士在唁信中写道："周伦岐教授是我国科技界先驱学者，为国防事业做出了卓越贡献，他的学术成就和育人风范将久远留在科技工作者心中。"

我珍藏着一部周先生的著作——《应用数学引论》，共 5 卷 8 册，是英文巨著，油印 2 632 页，共约 300 万字。在那电脑极端稀罕的岁月里，每个字都是周先生亲手打字在蜡纸上、亲自校对无误后直接付印的。书中旁征博引，把许多论题及其来龙去脉讲得既清楚又生动，且多举国防科技问题为例，独具特色。这部书是周先生渊博深广之学识和认真严谨治学之精神的一个例证。

学术是薪火相传、几何级数那样传承和发展的事业。我们怀念周伦岐先生，还怀念多位可亲可敬的老师（如张翼军、李维临、曹立凡、林汉藩、谢簃等），有了他们对我们那一代学子的教诲，才能成就我们当年的事业，我们的工作又成为后续者进一步发展的基础。

再过五六十年，今天正在阅读这篇文章的各位年轻读者也将成为耄耋老人。到那时候，当你们回首往事、为自己毕生的贡献和成就而自豪的同时，定会以感恩的心绪回忆起那些曾对你们有所启迪和教益的老师们吧！

积极参加大学业余社会活动

张敬袖

大学生要不要参加社会活动和社团活动？我的大学经历告诉我，不仅应该参加，而且参加就要努力做好。

一、参加合唱团演出

我是1960年考入当时的北京工业学院的。在中关村校区（当时叫白祥庵7号院）主楼前入学报到，受到高年级同学的热烈欢迎。“欢迎你，未来的红色国防工程师”的标语迎风招展，抗日军政大学的校歌响彻校园。

校园北路和东操场的交叉路口竖立着鲜红的“三八作风牌”，上面醒目地写着“坚定正确的政治方向，灵活机动的战略战术，艰苦朴素的工作作风，团结、紧张、严肃、活泼的延安‘三八作风’”。这显然等同于学校的校训校风，铭刻在我们每个人的心中。

这样的环境氛围，让我们每个学生对美好的大学生活充满了遐想和憧憬。由于宿舍安排紧张，我们开始只能在教学楼大教室里打地铺睡觉。尽管如此，同学们按捺不住心中的激动与喜悦，下定决心要努力刻苦学习，报答祖国和学校对我们的关怀和召唤。

大约半年之后，我们国家就进入三年自然灾害困难时期，群众生活开始困难起来，大学生也要定量伙食。记得入学后我的助学金是每月十二元五角，除去七元钱伙食费，还可买日常生活用品，并不觉得非常困难。可慢慢地，食堂伙食越来越差，中午饭只能吃两个带豆腐渣的玉米面窝头，副食几乎没有荤菜，肚子饿得直叫。可那时系里和班级党团组织经常组织我们进行政治学习，大家情绪仍然十分高涨，下定决心渡过暂时困难。

学期末，全系组织歌咏比赛，我们一年级合唱队让我担任男声领唱。“我们走在大路上，意气风发斗志昂扬。毛主席领导革命的队伍，披荆斩棘奔向前方。向前进，向前进，革命意志不可阻挡，向前进，向前进，朝着胜利的方向！”这激昂动人的歌声在我们耳边回响，激励着我们为祖国的建设，为克服暂时的困难奋发图强。

二、参加系宣传组的工作

大约是 1962 年 6 月，当时我在一系（飞行器工程系）学生会宣传组当副组长，负责每 1～2 周出版一期一系、八系楼（3 号教学楼）前八块黑板报的专栏。专栏内容丰富，形式多样，包括学校和系、班级的重要新闻，共青团和学生生活等。由于我们所有的记者非常活跃，工作积极主动，板报办得有声有色、丰富多彩，受到大家的热烈欢迎，在全校颇有影响。

接近期末，我们系宣传组和京工通讯社（学校学生会办的宣传通讯社团组织）的部分记者到校长办公室预约采访魏思文院长，未曾想魏思文院长很快就答应了。我们十多名学生记者抱着忐忑的心情准时到主楼三层魏院长办公室采访。魏院长非常和蔼地接待了我们，我们都为第一次能到魏院长办公室采访而兴奋喜悦。魏院长神采奕奕，声音洪亮，从期末复习考试的话题谈起，谈到做一个北京工业学院的大学生就要立志刻苦学习，将来学业有成、报效祖国，为祖国国防事业奋斗终生。听到魏院长的亲切教诲，我们从内心感到无比激动，也深深感到担负的责任之重大。我们连夜写出有关报道材料，第二天下午以醒目的“魏思文院长接见我系学生，就复习考试问题发表重要讲话”为通栏标题的一期专刊就与广大学生见面了。晚饭前后，同学们争先恐后抢看这期板报。时任系党总支书记朱前标称赞我们板报办得好，还夸奖我写的隶书体通栏大标题很漂亮。我从内心感受到做了一件有意义工作之后的兴奋和鼓舞。

由于参加宣传工作的锻炼，我写书法和各种美术体、仿宋体大字的爱好得到发挥。后来，发展到学校许多宣传大标语都由我利用课余时间书写。那个年代因没有计算机制作标语技术，只能由人工书写，再剪好大字制作成大型标语和会标。直到我大学毕业后的 20 多年时间里，学校许多重大会议和活动的会标、标语也常常由我书写完成。写字既是一种书法艺术，也成为完成政治任务的工具和能力。

三、积极参加体育运动

由于中学时期就喜欢参加各种体育活动，还取得短跑比赛的冠军，所以到了大学我仍是一个小小的体育迷。例如乒乓球世界冠军荣国团呀，举重世界冠军陈镜开呀，打破女子跳高世界纪录的郑凤荣呀，都是我心目中的英雄偶像。当中国乒乓球队战胜日本队取得世界冠军的时候，我和同学们都高兴得发狂。当第一次在北京工人体育馆举行世界乒乓球锦标赛的时候，我和同班同学在晚饭后，骑几十里路的自行车赶到东郊工人体育馆，买了张一块多钱的票去亲眼见识夺得女子单打世界冠军的丘钟惠的风采。

学校的田径运动会和北京高校的田径运动会，我都会积极参加。学校的运动会，我可以当运动员，经常参加的项目是 100 米跑、跳远、三级跳远、4×100 米接力。北京高校的运动会只当过一次运动员，其余就只能当观众了。现在回想起来自己76岁了，身体还不错，还可以力所能及地参加一些发挥余热的工作，与大学期间积极参加各种体育运动有直接的关系，的确是体育运动的受益者。再就是体育运动可增强自己的荣誉感，总是抱着为班集体争光的信念参加比赛，特别有利于身心健康。比如代表班级参加全系篮球比赛，如果能在场上多打一会儿，再为班队进两个球，那个兴奋劲，就甭提有多高兴了。也正是这些体育运动、文化运动，极大地增强了班级的凝聚力，增强了同学们的团结和友谊。

参加北京高校田径运动会4×100米接力赛

我们理工大学过去取得过全国摩托车比赛的冠军，涌现出国家竞走体育健将，北京市男子400米比赛冠军，获得过北京高校男子篮球冠军、足球冠军。近十余年来我校足球队连续荣获全国大学生足球比赛冠军，多次作为国家大学生足球队参加世界大学生足球比赛，取得了显著成绩，还参加了全国足球甲乙级联赛等，成为全国校园足球的排头兵。我校武术代表队和女子艺术体操代表队等也多次荣获优异成绩。我校作为先进体育单位多次受到教育部的表彰。体育先进为学校争得荣誉，是大学生德智体全面发展的重要标志，也成为创建全国最高水平大学，甚至世界一流大学不可或缺的一个组成部分。

清华大学曾经提出“为祖国健康工作50年”的响亮口号。今天看来，这个口号仍然没有过时。我从1965年参加工作，到2015年正是50年，也就是说直到现在，我才刚刚达到为祖国健康工作50年的标准。我们应该能为祖国健康工作50年而庆幸、欣慰和自豪，但没有多少值得骄傲的理由，因为每一个健康的大学生都会这样做。

四、天安门广场的节日庆祝晚会

60年代初，每到八九月份，学校就要组织部分学生准备参加天安门广场的国庆晚会活动。北京市规模较大的大学都会在天安门广场划分一块场地，大约有400平方米左右。学校要组织几百名学生学跳规定的广场集体舞，还要组织学生文工团，

准备一些歌舞演出节目。我有幸多次参加了国庆晚会活动。

国庆节当晚 7 点，晚会正式开始。参加晚会的各界群众 20 万人左右，随着广场广播播放的音乐翩翩起舞，很是壮观。集体舞间歇的时间，广场播放群众歌曲，各片场地就组织各种各样的文艺演出，中央有关文艺团体也在天安门广场中心位置组织各种文艺演出，整个天安门广场形成一片欢乐的海洋。

到晚 8 点半钟，广场开始放第一次烟花。五彩缤纷的焰火腾空而起，把天安门广场照得如同白昼。随着各式各样的焰火升空，广场群众发出阵阵欢呼声，把节日晚会推入高潮。这时中央首长还登上天安门城楼观看烟花和晚会，全场群众欢呼雀跃。那种欢庆场面令人无比激动，久久难以忘怀。三次烟花燃放完毕，晚会也接近尾声。学生们井然有序地按指定路线退场，到前门大街大轿车停车处上车返校。而学生演出队却要等晚会大队伍疏散以后再步行至西单左右乘校车回校。记得有一年学校校车进不了长安街，都快 12 点了，我们演出队的同学扛着乐器、演出服装、道具等物品，一直走到木樨地才上了校车返校。学生们虽然很累，但仍然有说有笑。有一年我校管弦乐队还和北京航空航天大学（那时叫北京航空学院）的乐队联合在一起，到天安门演奏交响乐，我还担任合唱和乐队指挥呢！演出时天安门广场的大喇叭声音很大，我们乐队的声音相形见绌，但大家仍然互相鼓励，精神饱满地完成演出任务。

五、校学生社团活动

大三、大四期间，我参加了校学生会的一些社团活动，这对自己的思想成长和身心健康都是有益的。因我在中学时期就说过相声，所以学生会文工团曲艺队吸收我参加活动，我参加过相声和快板数来宝的演出和创作活动。每年元旦，我都会在班级联欢会上和同班同学说一段相声，调剂一下晚会的气氛。四年级时我还和曲艺队的同学共同创作过一个宣传到祖国最需要的地方去的《毕业之前》的快板剧。

后来，我又参加了话剧队的活动，利用暑假期间和七八个同学以及民乐队的同学一起排演了歌剧《三月三》，顺利完成了在学校礼堂的演出任务。

在全国人民声援古巴人民的游行活动中，我还专门借了老师的皮鞋、西装、领带，和同学们一起到天安门广场演出了《要古巴，不要美国佬》的活报剧。我演的“美国佬”，左手拿着橄榄枝，右手拿着一个沉甸甸的小炸弹，把“美国佬”的两面派嘴脸演得活灵活现。虽然演出很辛苦，但很受欢迎，内心充满了喜悦。现在回想起来，正是这一段参加社团活动进一步锻炼了自己的组织和活动能力，增强了和同学们的交往协作能力，这对我以后组织同学们创作演出大型歌舞话剧《在斗争中成长》、组织学校师生成功排演现代京剧《沙家浜》，都是十分有益的。1998 年我协助学校宣传部邀请海政文工团作曲家吕远为我校谱写校歌，邀请总政歌剧团歌唱家杨鸿基为我校校歌录音，为学校文化建设完成了一件有益的工作。

在校歌录制现场，原海政文工团著名作曲家吕远（右一）
原总政歌剧院著名歌唱家杨鸿基（左一）与作者亲切交谈

一个人的文化艺术素养和专业技能的提高是紧密相关、互相促进、相辅相成的。做一个高素质的大学生，必须高度重视自己文化艺术素养的提高。对我们理工科学生来说，应该努力做到理、工、管、文紧密结合，互相渗透。努力继承发扬中华优秀传统文化的精髓，不断提高自己文化艺术修养的水平，才能使自己理想更加远大，目标更加坚定，人生更加丰富，生活更有情趣，才能更好地做到德智体美全面发展，成为一个有创新精神、时代精神和创新能力的建设者和接班人。

六、学生歌舞话剧和人民大会堂的纪念演出

1964 年 12 月 7 日，我校千余名师生响应国家号召，在魏思文院长带领下组成“一二七工作团”，奔赴山东省四个县参加农村社会主义教育运动。当时我们毕业年级的上千名同学都参加了。大家分别加入每个村的工作组里，一边开展社会主义教育活动，一边和普通农民同吃同住同劳动。当时，我们的工作虽然既紧张又艰苦，可大家经受锻炼，为建设社会主义新农村做贡献的志向和决心还是很大的。半年后，我们满怀胜利的喜悦心情返回北京，用各种形式向学校汇报。我们挑选了几十名学生，自编自演了一场歌舞话剧《在斗争中成长》。回校在露天剧场为全校师生汇报演出，获得大家的称赞。回校前我们在山东曲阜，进行创作排练，得到著名戏剧评论家凤子的指导和帮助。回京后，凤子向全国文联宣传我校师生在山东省参加社教运动的成果，介绍我们到全国文联大礼堂进行了歌舞话剧的汇报演出。我们这些乳臭未干的青年学生真是登上了大雅之堂，给全国文联的领导和全国著名的大作家、剧作家、戏剧家们演出了一场自编自导的歌舞话剧。演出结束，全国文联的领导还表扬我们演得不错，让他们了解了农村社会主义教育的情况，受到了教育。这对我们真是极大的鼓舞。

指挥我校学生合唱团参加北京高校大学生歌咏比赛荣获二等奖

1965 年 8 月，正赶上教育部准备纪念“一二•九”运动 30 周年，组织北京大学、清华大学、中国人民大学、北京师范大学、我们学校和北航六所高校准备了一场大型歌舞晚会。我校承担的是《到农村去》的一场歌舞，内容就是反映青年学生到农村参加社会主义教育运动，经风雨，见世面，受锻炼，接受工农兵再教育的情形。

我校几十名师生不怕苦不怕累，出色地完成了在人民大会堂的排练和演出任务。我当时一方面参加演出，一方面组织排练，在人民大会堂忙碌了一周时间。纪念大会当天，教育部蒋南翔部长作了重要讲话，我们六所高校的近千名师生作了精彩的演出。为了满足首都高校大学生的要求，后来又连续演出了四场。那次难忘的演出，像庆祝国庆十周年的“东方红”大歌舞一样，深深留在了我们的记忆里。

七、结　　语

五十多年前的大学生活历历在目，它是一个人一生中最幸福最美好的时光。党和国家为我们提供了最好的条件，把我们培养成才，没有党和国家的抚育我们将一事无成。我们这一代人赶上社会主义的好日子，永远会怀着一颗感恩的心，在有生之年为党和国家、为学校做出应有的奉献。

每一个青年学生在学习工作的经历中，在创业成才的道路上，往往要经历许多坎坷曲折甚至失败的考验。走向社会之后，在大是大非面前，在荣誉金钱与个人得失面前，在奉献与个人利益面前，你的思想品德、作风修养、意志品质、交友情商等素质能力往往比业务学习成绩更重要。所以要学会在上大学以后正确面对各种矛盾和困难，学会提高时间的利用率，学会有所失才会有所得。时间是争取来的，能力是在实践中锻炼出来的。一定要有上进心、自信心，相信机遇总是面向那些有奋斗精神、有充分思想准备的人。

我们理工大学是一所有光荣革命传统，有“延安根、军工魂、国防情”红色基因，有奋发图强、艰苦奋斗精神的学校。这种传统和精神不只是写在标语上、文章中，而是潜移默化地体现在教学、科研、管理的各个方面，同样也体现在课外业余活动中。正是参加课外业余活动，承担社会工作，才使我们受到爱国主义、集体主义思想的熏陶，革命传统、延安精神的感染，实事求是、艰苦奋斗作风的锻炼。正是参加课外业余活动，承担社会工作，扩大了我们的眼界和知识面，提高了我们的政治觉悟和思想水平，锻炼了我们的工作能力，为我们养成正确的世界观、人生观、价值观打下了基础，使我们更好地做到德智体和身心的全面发展。在新时代新形势下的大学生们，仍然应该利用各种机会，抓住各种机遇锻炼自己、提高自己，学会从政治思想、品德修养、专业学习、工作能力、业余爱好等各方面对大学生活和个人发展进行全面规划，实施修正和总结提高。将来，才有可能为党和国家做出应有的贡献，真正成为德智体美劳全面发展，国家和人民所需要的合格建设者和可靠接班人。

祝同学们获得成功！

作者简介：张敬袖，1943 年 7 月生，山东临沂人。原校长办公室干部，研究员。1960 年考入北京工业学院，1965 年毕业留校。曾先后任校团委书记、党办主任、工会主席、副校长、党委副书记、纪委书记等职。退休后曾任北京市委教育工委高校联络员、党建专家，中国延安精神研究会理事，校关心下一代工作委员会主任等。

我的大学生活

——逐梦红色国防工程师

姚仲鹏

我于1935年3月出生于湖南省一个农民家庭，1955年8月考入北京工业学院（现北京理工大学），1959年8月提前毕业，留校任教，直至1998年9月退休，但即刻被返聘工作至2010年1月。

一、走进北京工业学院

1945年8月，我10岁，日本侵略者侵占了我的农村老家，我目睹了日本鬼子烧、杀、抢、掠的滔天罪行，我产生了“要报仇”“要保卫家园”的想法。1951年5月，抗美援朝保家卫国的热潮在我就读的中学轰轰烈烈地开展起来，我校音乐课朱老师与其14岁女儿（我同班同学）以及我们的“哥哥班”（高中毕业班）学生王超被批准加入中国人民抗美援朝志愿军。这件事对我触动很大，立志一定要成为建设和保卫祖国的有用人才。我的这个愿望终于在1955年7月有了希望。一天，北京工业学院来我校招生的老师会同我的班主任找我谈话，说：“北京工业学院是搞国防的，你的政治条件已审查合格，希望你不要报考清华大学，要报考北京工业学院，你愿意吗？”我毫不犹豫地回答：“非常愿意！”又问：“你想学什么专业？”我答道：“坦克！”随后，他们叮嘱我要努力学习，参加高考，等候大学录取通知书。大约是1955年8月12日，我收到了北京工业学院的录取通知书，要求我在9月3日之前来学校报到入学。

8月30日，父母为我凑足了费用，我满怀着幸福的心情踏上了前往北京工业学院的路程。我用一根竹子扁担挑着行李，一头挑着一床蓝色印花粗布被和一床草席，另一头是我二哥上学用过的一只小皮箱，从老家农村步行40余里到达邵阳市；接着，我第一次坐汽车，第一次坐火车，第一次坐轮船（渡长江），历时三天两夜，来到了我梦寐以求的北京工业学院（海淀区车道沟校区）。

一进学校大门，正面红楼的墙上，横挂着一条耀眼的横幅：“热烈欢迎未来的红色国防工程师！”我兴奋不已，欢快地跟随欢迎我们的高年级同学进入早已安排好的宿舍。第一顿饭正值中午饭，按学校定的标准，10人一桌，三盆菜

（两素一荤），一盆菜汤，白白的米饭掺混着广东香肠，还有花卷和馒头；我已一天没有进食了，面对这香喷喷的饭菜，心潮澎湃，心想："国家对我们真是太好了，一定要学好成才，报效国家呀！"这种心情如今仍然记忆犹新啊！

入学第二天，进行入学教育，重点是国防及专业教育，我所学的专业为"坦克设计与制造"。培养一名坦克设计与制造的高等专门技术人才，需要五年学习时间，共 32 门功课，还有四次实习等。入学教育中，老师带领我们参观了坦克装甲车辆陈列室和坦克发动机陈列室。在约 30 米长、15 米宽的陈列室里，陈列着多种型号坦克、装甲自行火炮和装甲运输车等，威严壮观！老师还允许我们爬进坦克里观看。每个同学都兴致勃勃，既好奇，又感叹。就这样，做一名"坦克设计与制造工程师"的想法深深印在了我的脑海里。

二、以吴运铎为榜样奉献于国防事业

吴运铎（1917—1991），江西萍乡人，煤矿工人出身，1938 年参加新四军，1939 年加入中国共产党，是中国人民解放军著名的火炮专家、军工英雄。尽管他只在煤矿职工子弟学校读过小学五年级，又处在条件极其艰难困苦的战争年代，但在党的指引下，通过刻苦学习，不仅掌握了机械制造的基本生产工艺技能，还学会了包括机床设计在内的机械设计。他在各级组织的支持和帮助下，和同志们一起，先是为我军前线部队研制、生产大量的急需刺刀、各种子弹和地雷以及手榴弹等；接着自主制造步枪，研制出杀伤力很强的枪榴弹及其发射装置，还有平射炮等重武器，为我军赢得战争胜利做出了贡献。

中华人民共和国成立后，吴运铎同志先是担任中南兵工局副局长、厂长，接着，先后改任原第二机械工业部第一研究所所长、第五机械工业部兵器科学研究院副院长和总工程师等职，为改善我军武器装备和国防现代化呕心沥血。他先是为抗美援朝志愿军部队使用的 52 式和 75 式无坐力炮完成改型设计，接着，参与组织完成 65 式和 75 式无坐力火炮的自主设计与制造。从 1956 年起，主持和参与完成"东风 1 号""东风 2 号""红旗 1 号"导弹设备的研制，为改善我军武器装备和国防现代化做出了重要贡献。

吴运铎同志在长期极端艰辛的战争条件下从事兵工武器研制，身负重伤三次，炸瞎了左眼，左手四个半指头也被炸掉，全身留下伤口 100 多处，但他身残志坚，始终奋斗不息。1951 年 9 月被授予"全国特邀劳动模范"，受到毛主席、周总理等党和国家领导人的亲切接见；1951 年 10 月 5 日，《人民日报》发表了题为"钢铁是这样炼成的——介绍中国的保尔•柯察金、兵工功臣吴运铎"的报道；1953 年 7 月，在全国总工会的安排下，吴运铎的事迹被编撰成《把一切献给党》一书出版。自此，共青团中央受党中央指示，在全国掀起学习吴运铎先进事迹和高尚品质的活

动，广大青年特别是中学生和大学生，把《一切献给党》看作是有抱负、有理想青年的必读书，把它作为座右铭和人生路标，把吴运铎同志作为人生的榜样。我和同学们认真阅读《把一切献给党》和《钢铁是怎样炼成的》这两本书，把苏联英雄保尔•柯察金和吴运铎的许多人生格言抄录在自己的日记本上，有的还贴在床头以时刻警示自己，这对我的教育很大。我于1956年5月被批准为中国共产党党员，我立志要像吴运铎那样献身于国防事业，并初步把“做一名红色国防工程师”作为自己追逐的梦。

由于我们学校于1952年就被定位为国防工业院校，承担培养符合国家需要的国防工业高等技术人才的任务，而国防工业技术人才首先必须具有热爱国防、献身国防事业的思想意志。因此，学校十分重视学生的国防教育，把这个教育贯穿到各个教学环节中，甚至包括举办的各种活动和学校环境氛围。以举办的各种活动为例，每年学校必须举行的开学典礼和毕业典礼，院长兼校党委第一书记魏思文同志都要亲自邀请人民解放军的元帅或者大将，还有国防部长或总参谋长，以及上级主管单位领导，相关的各大军区政委、司令员等光临学校。应邀来的部队首长人数，少则四五位，多则十几位，就坐在学校礼堂主席台上，他们的金色肩章闪闪发光，令师生们既羡慕，又深感荣幸和骄傲。每年的“八一”建军节、国庆节和元旦，学校都要举办文娱晚会，总政文工团、空军和海军文工团等单位，轮番受邀来学校演出。这些活动潜移默化地增强了我们热爱我军、热爱祖国国防的情怀，并以此而自豪。

三、理论与实践相结合的学习之路

合格的国防工业高等技术人才应具有扎实的科学理论基础和比较宽泛的技术知识，还要有科学实验动手能力。按照专业教学计划，在校学习五年内，我要学习32门功课，包括理论基础课、技术基础课、专业课和选修课等，还有四次实习（坦克构造实习、生产工艺实习、车辆驾驶实习和毕业前实习）、两次大型课程设计和毕业设计。其所实施的就是坚持理论与实践相结合的学习之路。

1. 争取五分好成绩

当时，学校普遍实行学习成绩五分制。“五分”相当于“百分制”的90～100分。争取优异的学习成绩是每个学生的心愿，但优异成绩只有通过虚心求教、刻苦学习才能获得。以第一学年的理论基础课学习为例，为了获得扎实的理论基础，我们除了要学习规定的教科书和相关教材，还要参阅当时苏联相关高校的同类教材，还必须完成上课老师布置的作业。每天的学习任务紧张、繁重。当然，学校为我们提供了良好的学习条件。首先是任课老师，大多数是教授，少数的也是富有教学经验的讲师。如我班的高等数学老师是当时国内著名的二级教授陈荩民先生。他关爱学生，讲课深入浅出，讲课当天晚上 7 点钟会准时到我们班教室，了解学生听课情况，解答疑难问题。学校为保证学生的学习时间、休息时间和体育锻炼时间，统一规定了学生每日的作息时间：早上 6 点半起床，即刻去户外锻炼身体；8 点钟上课，上午共四节课；中午饭后，午休一小时；下午 2 点上课或者学生自习；5 点至 6 点，体育锻炼或文娱活动一小时；晚上 7 点至 9 点半在自己班教室自习，完成当天作业；晚上 10 点钟，宿舍统一熄灯、睡觉。每周星期六为休息日，晚上有校学生会组织的舞会。

班上的学习气氛是很不错的。大家自觉遵守作息时间，也注意不影响他人，星期六和节假日的大部分时间也大都用在学习上。尽管每个班都有自己的自习教室，但校图书馆阅览室总是坐满了人。有的班还有学习兴趣小组，讨论数学问题、力学问题或哲学问题等。我最深的学习体会之一，就是上课专心听讲，记好笔记，课后及时认真复习，阅读教科书和参考书的相关内容，弄清楚每一个问题，不留“死角”。在此基础上，归纳整理成为自己能说得出、记得住的知识；学完每一章后，要对全章内容进行归纳和扼要整理；期末复习阶段，每门课自己都要做归纳、整理。这种学习方法帮助我获得好的学习成绩，并在不知不觉中培养了我的分析能力和综合能力，让我一生受益。

我们所学的每门功课都必须通过考查、考试或答辩，达到合格水平。学期末的考试阶段，时间不少于 20 天，考试门数 3～4 门，每一门课间隔 5 天左右，前三天学生系统复习，最后一天举行考试。老师和各级领导都热切鼓励学生取得优异成绩。

考试方式采用答辩的形式。答辩组由一位主考老师、两位辅考老师组成，学生单独接受考试。先是抽签确定考题；接着，考生准备约 20 分钟，然后答辩。要获得五分的好成绩，答辩要正确无误。我记得材料力学考试，我遇到了一个难题，用了十几分钟没能做出来，心想：“这下完了！”心里紧张起来，主考老师见此状，就走到我面前，低声说：“不要紧张，静下心来，你行的！”也许是受到老师的鼓励吧，我头脑中一闪，思路出来了，这道题终于做出来了，答辩很圆满，我得了五分。我和老师都很高兴。第一学年的理论课学习，我各科考试成绩都是五分。

2. 坦克驾驶员证书

坦克设计与制造专业学生应参加坦克结构拆装实习和驾驶实习，时间在大学三年级第一学期。其中坦克拆装实习和坦克驾驶实习前的汽车驾驶和拖拉机驾驶实习已在我系西山车辆试验基地完成，只有坦克驾驶实习因把我班作为教学改革试点，第一次确定在坦克部队实习。承接我们实习任务的是原济南军区坦克二师坦克乘员教导团，具体任务由该团的一个坦克连承担。能够去坦克部队实习，我们都兴奋不已。大家怀着虚心求教、不怕困难、刻苦磨炼自己的决心，于 1958 年 7 月 27 日来到了承担我们实习任务的坦克连，受到了教导团团长、政委和坦克连连长、指导员

以及多位教员（坦克车长）的热烈欢迎，并在当天晚上举行了令人激动的欢迎会。第二天，正式开始实习。

实习大致分为三个阶段：第一阶段是学习将要驾驶的苏联T-34中型坦克的结构、性能、作战能力及其在第二次世界大战中战胜法西斯德国坦克所建立的功勋。第二阶段是坦克驾驶模拟训练。我们坐在坦克模拟驾驶椅上，练习如何操控坦克（起步、停车、换挡和转向等）。第三阶段约10天，学习坦克驾驶技术与坦克武器射击。连长提供两辆苏式T-34中型坦克为我们学习使用。全班39名同学分成两个小组，每个小组一辆坦克，教员1～2人。各小组同学按先后顺序进入坦克车内，一位教员负责陪同指导。学习驾驶的头几天，座椅前面的人员出入窗的窗门开着，驾驶员可直接观察窗外景物，横向视野宽约60米，纵向200米以上。几天之后为增加驾驶难度，关窗驾驶，通过潜望镜向车外观察，视野清晰，横向视野宽约30米，纵向约200米。坦克行驶在起伏不平的长着杂草的漫长山岗上，沿路坑坑洼洼的，大小土坡随山岗起伏地形变化而散落着，这是一种比较接近坦克实战的环境条件。

学习驾驶坦克是我们最高兴的又是最辛劳的事。首先是炎热难熬。当时正是8月上旬，白天济南地区气温通常是35℃左右，相对湿度为60%上下，坦克车在太阳暴晒下，车内温度高达40℃，又热又闷。其次，T-34坦克操纵系统的操纵杆，一次拉起来至少要有15千克拉力，实际工作时又是接连不断地拉起，这对我们这些大学生来说是相当费劲的，特别是体力较差的两位女同学。虽然每个人每次实际驾驶时间只有15分钟，但我们已经是又热又累，爬出坦克车时，个个满脸通红，衣服都能拧出水来；但大家不仅没有怨言，心里还美滋滋的。你看，那么大一个铁家伙（重30吨），让你开着，一会儿上坡，一会儿又下坡，无可阻挡，何等威武，何等风光！心里那种自豪感是从没有过的。

坦克行驶照片

坦克驾驶实习最后两天，是坦克三级驾驶员资格考试。经过约一周的驾驶训练，大家基本上掌握了坦克驾驶技能，按照坦克三级驾驶员技术要求，39 位同学都通过了考试，获得了原济南军区坦克乘员教导团颁发的坦克驾驶员证明书，有权驾驶 T-34 坦克和 T-34 自行火炮。

駕駛經歷

所在部别		
时　間		
駕駛車型		
駕駛摩托小时		
受过何种奬勵		
是否損坏过坦克		
証明机关		

坦克駕駛員証明書

中国人民解放軍
裝甲兵司令部

正面

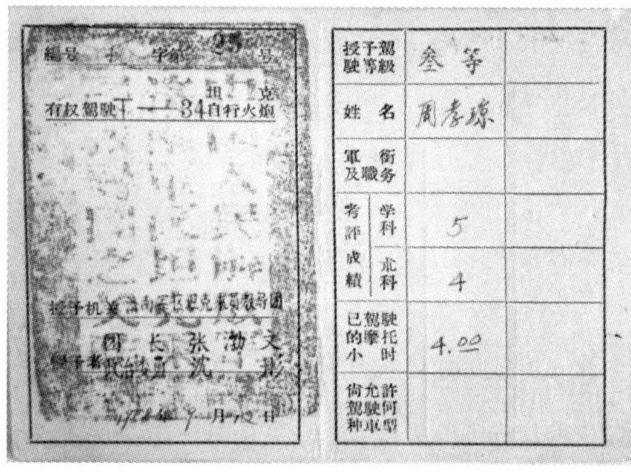

編号　　字第 25 号

有权駕駛 T—34 坦克 自行火炮

授予机关

团长 张渤文

授予駕駛等級	叁等	
姓名	周孝琮	
軍銜及職务		
考評成績 学科	5	
考評成績 术科	4	
已駕駛的摩托小时	4.00	
尚允許駕駛何种車型		

反面

坦克驾驶员证明书

第三阶段实习的另一项内容是坦克武器射击实习。T-34 坦克的武器主要是坦克火炮，其次是位于炮塔的一挺机枪。因坦克炮弹价格贵，故重点是坦克机枪的射击实习。有的同学手握坦克机枪，自豪地说：“以前只有在电影里看打仗，如今能握‘真家伙’进行实弹射击，何等风光呀！”

全班同学都进行了坦克机枪实弹射击考试，全部通过，并有包括我在内的 12 名同学获得了射击优秀成绩，连队首长为我们举行了表彰仪式。

坦克机枪优秀射手照

四、结 束 语

这次为了撰写此文，我回忆了自己60年前的大学生活，一连十多天，我的心情一直处在兴奋和激动之中。我热爱祖国的国防事业，在校学习四年级时被提前毕业留校任教，我为自己能够培养包括坦克设计与制造专业在内的国防科学技术人才而贡献出五十余年辛勤工作而感到自豪。如今，我们看到祖国已经由站起来发展到富起来、强起来了，成为一支捍卫世界和平与安全的强大力量。当今的世界潮流仍然以和平为主流，但依然存在不安全、不稳定因素。因此，全国人民特别是广大青年应该进一步增强国防观念，担负起保卫国家安全和领土完整的义务。希望我校学习国防专业的同学们，继承我校的“军工魂”，热爱祖国的国防事业，把自己培养成为符合国家要求的国防科学技术高等人才，这是我这个80多岁的老学友、老校友的心愿。

作者简介：姚仲鹏，又名姚钟鹏，1935年3月生，湖南人，中共党员，教授。1955年8月考入北京工业学院（现北京理工大学）学习，1959年8月提前毕业，留校任教，直至1998年9月退休，但即刻被返聘工作至2010年1月。曾任中国军用人—机—环境系统工程标准化技术委员会委员，北京理工大学人—机—环境系统工程和传热学两门学科的学术带头人；历任北京理工大学机械与车辆学院教学指导委员会副主任、专家组组长、学术委员会委员、教研室主任等职。

编著出版了高等学校教材4部，科技专著2部；获校级优秀教材一、二等奖各一项，优秀教学成果一、二等奖多项。科研上，获联合国技术促进部颁发的“发明创新之星”金奖及其他科技成果奖多项，国家专利13项；在国内外著名科技期刊上发表论文40余篇。科技成果为国内多家报社多次报道，中央电视台先后两次作专题采访报道。

度过初入大学的几关

吕广庶

无论哪个年代，接到大学录取通知书，对于家长以及考生，都会是一个无比兴奋的事情。

那是20世纪60年代初，我接到大学录取通知书，父母亲和我都无比地高兴。到了开学的前一天，忙坏了爹和娘。妈忙着给我收拾行装，爹去生产队联系车辆。第二天早晨，我还在睡梦中，妈妈叫醒我："快起来吧，吃饭啦。"我起床，热腾腾的饭菜，母亲早就都做好了。吃完了饭，父亲套好了从生产队借来的小驴车，搬上行李，送我去火车站。那时上学要自己预备全套褥子、被子及生活用品，而不是如今由学生公寓配备。北戴河火车站离我家30里路。出村前，有个乡亲见到了，就背后说："那大小伙子还不会自己背着行李去北戴河呀，还用他老爹送。养得真娇！"他们背后议论，说我不争气，说爹脾气"贱"，我一直感到很羞愧。

直到前两年，我们同村一个远房的兄弟吕广阳，从我的老家开着小轿车到北京送他的儿子吕润强来上大学，我这种羞愧的心情才得到释怀。

他们到校把儿子安排好以后，自然到我家来看我。我问他："广阳，你听说过在我上大学的时候，村里人都说你二爹是多么样的'贱'脾气，说我是多么样的不中用吗？"那远房兄弟叫我爹叫二爹，他拉长了口气说："知——道！"我说："是你二爹'贱'还是你'贱'呢？"他嘿嘿一笑连忙说："我'贱'我'贱'！"他稍停片刻说："要那么说呀，我比二爹'贱'多了！二爹，只用一头小毛驴把大哥你送到北戴河。我开着小轿车，连他妈他弟都一起来把他送到北京来。也有人说呀！"我接着说："刚才聊天时候说弟妹还给他铺好了床啊！"这时我那侄子感到不好意思，赶快插话："我这么大人，还不会自己铺床啊，妈非得管我。"我那弟仿佛醒悟过来，不服劲地说："他们是没有上大学的儿子，他们如果有，那比我和我二爹不知道还要'贱'多少倍呢？一个孩子要远离父母，到远处去求学，哪个父母舍得离开呀？哪个父母不都是惦记着啊？"

我这远房兄弟一语道破真情，可怜天下父母心！他这样一说，才使我多年的愧疚心情得以安定下来。其实。我当时的心情也和那侄子说的话是一样的。我也感到那么大岁数的老爹赶着小驴车送我，不合适。但是，哪里能拗得过老人呀，让他送

了他才安心呐。到了北戴河车站站台上，我有点舍不得爹。爹说：“别难过，到那里去要自己独立生活，要努力读书。你坐上火车是件高兴的事情。你长多大，爹就已经有多少年没有坐火车了。现在看着火车还是很亲切呢。爹在哈尔滨当店员，一当就十多年呢。那时每当坐火车的时候，有一种豪迈的心情呀。你到学校不要难过，也不要想家。只有努力学习，好好念书才行啊！”现在还言犹在耳。

到学校里，当然有很多想家的时候。老爹老娘那么大岁数，对儿子寄予那么大的希望，我有什么理由不好好读书呢？星期日和节假日干什么呢？想起了老爹在车站上嘱咐，就只有努力学习。

后来在学校里听一个时事报告，那报告中给我印象最深的是，培养一个大学生，每年国家投入的资金是巨大的。报告说那不是你每个人的家长拿上几块钱来上学就行了。学校这么大的地方，这么多楼房，这么多教师，这么多设备都是哪来的？都是国家投资来的，是人民的血汗。报告中号召我们每个人要好好学习，要对得起国家，对得起人民。这件事情使我感动至深。

于是我在日记本上写了一首顺口溜，后来收录在我出版的一本诗集中。题目叫做“远行”，是这样写的：“怀雄心，抱理想。别家乡，辞爹娘。千里跋涉为心愿，锤炼智能读万卷。”后来模仿“采桑子”写了一首词：“大学院里层楼起。白杨参天，翠柏长连。寄托雄心伏案边。青春似火心炽烈，恐后争前，努力钻研。春去秋来又一年。”又有：“身在城中念大书，谁家宝贝掌中珠？人民流汗培学问，父母劳神育幼雏。才高不忘父母养，路宽牢记祖国铺。成绩切莫沾沾喜，快结硕果快产出。”这些深藏在日记本中的诗句时刻鞭策着自己。

实在说来，远离家乡父母，是想家的。想家了，那就没法专心复习和做作业。要努力只是口头的空喊不行，要拿出实际行动来。怎样努力呢？在中学，只要认真听讲，课程内容可当堂消化，课后做作业，不用再看书就可以做。在大学里，讲课就像做报告一样，讲得快、内容多，直接做作业就会遇到困难，特别是高等数学。那时候高年级同学给新生介绍学习方法，说要先看书，先复习，先弄懂概念，再做作业。开始不理解这话是怎么回事，随着课程的进度加深加快，不复习做作业就非常困难。大家知道读书是非常枯燥的事。一想家就头脑分神，怎么体会书中写的是什么？这个时候我就用笔记的办法，边读书边把重点记下来，再对照课堂笔记，就可把当堂内容弄清楚了。这样就不容易头脑开小差了，很容易把想家念头赶走，也就很容易把知识内容记住了。

学习上我采用“日清月结”的学习方法，所学的知识很容易巩固。每个星期或一个月后把前面学习的内容总结好，总结出条理来，把数学、物理公式，政治课提纲挈领的重点，总结到一个小本本上。等到期末复习的时候就容易多了。这种学习方法也使我在以后的工作中受益。

除了要解决想家和学习方法问题外，还有一个适应集体生活问题。一个班上的同学来自五湖四海，有的同学体验过集体生活，还有些同学从未有过住宿经历。在集体生活中需要与同学们融合在一起。在快入冬的一个半夜里，同宿舍一同学把被子都蹬到床下面了，正好我半夜上厕所回来看到，给他拾起盖上。那个同学非常感动，说我像大哥哥一样，和我成了好朋友。如今都七十几岁人了，我们俩还一直通信往来。所以说，同学们之间要互相关照，互相爱护，互相团结。善于团结他人、善于合作是现代社会重要的素质。有些人只顾自己，不照顾周围同学间的关系，没有养成集体生活习惯，将来难以融入社会。

现在和我们那个时代环境大不一样了。现在国家富强了，家家富裕了，不像我们那时候那么艰苦。但是我想不管哪个时代，学习是学生的天职。时代环境好了，经济条件好了，更应该努力学习。现在大北京到处是古迹名胜，可看可玩的实在多，能把心思用到学习中去，就要有毅力。只有现在把所学知识掌握牢固了，将来到工作中本领才会强。

作者简介：吕广庶，1942 年生，河北抚宁人。原材料学院教授，博导。曾兼任教研室主任、党支部书记，学院教代会主席，连任 20 年分党委（总支）委员。曾任中国体视学会常务理事。发表论文 150 余篇，出版译著、教材多部；获部级科技成果奖多项。

六十年的记忆　一生的激励

赵鸿德

我于1955年由山东济南保送来校，毕业后留校任教。这期间让我最难以忘怀的是1958年的“八一”和“十一”献礼。那些被中央首长和开国将帅们接待的情景，还有那每一次亲切的握手以及对我们学校的高度关注、评价和殷切希望，仍是铭记在心，它们是激励我一生的记忆。

“八一”献礼（国防科学技术部门向党中央暨军委献礼），在当时的中央军委大楼举行，有中央首长、开国将帅和各大军区领导到场。“十一”献礼（教育与生产劳动相结合展览会暨教育部献礼）在北京钢铁学院（现在北京科技大学）举行，有中央首长和中央委员到场。

当时我们学校由魏思文院长挂帅，还有秘书张键，负责具体工作的是科研处处长袁明道和党办李惠光，布展工作由当时一系副主任陈恬生负责。我当时还是三年级学生，被调来跟陈老师布展和联系展品，后又跟李惠光同志负责接待工作，有时也做讲解员。我校参展的展品最多，从常规武器到尖端武器，硕果累累，受到党中央和军委的高度关注和赞扬。1956年1月，党中央发出“向科学进军”的号召。中央军委制定了十二年武器装备发展规划，其中有发展尖端武器的计划。魏思文院长闻风而动，于1956年2月2日召开了全院各系负责人会议，传达了中央十二年规划，并向全院师生发出了“向科学进军”的号召，最后制定了学校十二年发展规划提纲，共立项72项科研任务，从而掀起了全院师生尤其是高年级学生走进实验室、走进工厂大搞科学研究的热潮。后来又请来钱学森举行讲座，更激起了全院师生向科学进军、立志为国防现代化服务的热情，同时也坚定了发展尖端武器专

1958年全国相关高校“十一献礼”参展人员合影

（前排右二赵鸿德 后排左四李惠光）

业的决心。1958 年 5 月，学校在教育部的号召下提出了“教育与生产劳动相结合，大搞科学研究为中心”的教育思路，全校师生开展科学研究工作。作为国防院校，我们开始了相关尖端武器的研制和相关专业的筹建工作。从常规武器到尖端产品的研制，我们都取得了很多成果。

“八一”献礼由国防部部长彭德怀元帅挂帅，张爱萍上将具体指挥。“十一”献礼，由教育部挂帅，北京市委指挥，具体工作负责人是市委秘书杨朝述同志。“八一”献礼，我们学校的献礼单是 27 项，实际有 40 多项，在国防部大楼的一层，占用一个展厅，展出只有几天，中央首长和开国元帅们基本上都是在“八一”庆祝大会后一起参观的。而“十一”献礼历时一个月，在当时北京钢铁学院一个新建的四层楼，我们学校在四层，占用了三个展室，其中，两个大展室展出的是常规兵器，小展室展出的是“265-1”导弹展品。

中科院党组书记张劲夫和钱学森院士亲自指导学校导弹专业建设

“十一”献礼是在严格保密状态下举行的。中央领导和中央委员都是分别来参观的，最早来的是刘少奇同志和王光美同志，然后是邓小平同志、朱德元帅、周恩来总理、陈毅部长、聂荣臻元帅等，还有彭真市长、陆定一同志、李立三同志等。首长们参观得非常细，问的问题也很多，尤其是陈毅同志直接坐在椅子上听大家解说。刘少奇同志对枪系非常关注；周总理在轻型坦克模型前看了很长时间，每听到精彩处，总会发出满意的笑声。

这里值得一提的是我们的朵英贤院士，他当年在云南 356 厂带领一批 1954 级学生进行了轻重两用机枪的研制，最后研制成功了 67 式机枪。还有大型天象仪、电视发射与接收装置（49.75 兆赫）（“中国电视第一频道”）、野战火箭和 265-1 反坦克导弹、地面远程侦察用 3 米长焦距相机、航空高空侦察相机……

北京生产的第一块手表，是由我校当时 4 专业（现 82 专业）1954 级学生参加测绘的大罗马手表，表盘是由 1954 级同学李尧青设计的。

我国第一代两栖轻型坦克，是由当年三系章一鸣老师组织全体教师和 1954 级同学完成的图纸和模型制作。他们还完成了对从朝鲜战场缴获的美 46 坦克关键部件 CD-850 液力机械综合传动装置的解剖、测绘与分析，同时还提出了“飘行坦克（气垫式）”“潜浮坦克”“跳跃坦克”等的设想和论证。

这些展品都是当时国家安全和国防急需的，体现了北理工的军工特色与光荣使命。

1958 年 10 月，学校开始了国家急需专业的建设，在火箭与导弹专家钱学森同志的指导下，首先成立了火箭与导弹系，最早组建的为四系，后发展为七系等，七系时期有 4 个专业（弹体、发动机、固体火药、制造工艺），到 1960 年年底全校已建起 18 个相关专业。1961 年 5 月，聂荣臻元帅亲自批示“北京工业学院以导弹为主设置与尖端技术密切联系的专业”，从而开启了北京工业学院在强军强国道路上的新征程。

今天，我们的祖国走进了新时代，一定要不辜负老一辈的殷切期望，不忘初心，牢记使命，践行“延安根、军工魂”，为实现中华民族的伟大复兴继续前进！

作者简介：赵鸿德，山东济南人。1955 年入学；1956 年加入共产党；1960 年留校工作；1980 年开始从事计算机基础教学；1994 年组织了“全国计算机等级考试”等。多年受聘教育部。

我的高考　我的大学

王悦音

1977年注定是不平凡的一年，这一年发生的大事改变了我们这代人的人生轨迹，也对我们国家的发展与变革产生了巨大的影响。这件大事就是恢复已停止了十年的高等学校考试招生工作。今天40岁以下的人很难理解这是一个怎样的改变，只有经历过那个时代的人才能有深切的体会。恢复高考无疑是当时的年轻人梦寐以求但又想都不敢想的一件事。

那一年我22岁，已在天津重型机器厂的技校当了三年的教师，我是技校毕业后留校的，当时叫以工代干，我的身份仍然是工人，工资也是二级钳工的标准。

留在技校工作使我对知识有了更多的渴求，也深感自己基础知识的薄弱与欠缺，能去上大学真是我心底的梦想，但我连说出来的勇气都没有，因为我知道那时上大学都是要组织推荐的，一个刚工作没几年的小青年，想上大学那真只是做梦而已。

不承想1977年竟然是我梦想成真的一年，那一年是我们莘莘学子最幸运的一年。8月份社会上就流传出要恢复高考的消息，引得无数青年激动、期盼。10月中央政府向全社会发出了恢复高考的通知，文件以从未有的坚定向所有青年发出邀请，任何人任何单位不得以任何理由阻止考生报名。这真是给考生撑了腰。一时间高考话题成为街头巷尾的热议，我们也突然间感觉到命运竟然可以由我们自己掌握。上大学的机会人人都有，只要你努力就有实现的可能，没有任何外部的羁绊与束缚，这种痛快的感觉从未有过，它令我们激动甚至心潮澎湃。

从通知下发到报名和考试，时间也仅仅两个月，这恐怕是有史以来最短的准备时间了。我们技校有几位60年代毕业的大学生，尽管这事已与他们无关了，可他们却如同我们一样高兴，鼓励我们报考，指导我们如何备考，一位数学老师还为我们补习数学，画出重点。真要感谢这些真诚无私的老师，他们将所有的高考经验都传授给我们，使得我只有初中水平的技校生能在如此大考中从容应对，要知道我在此前从没经历过升学考试。

那一年全国报考人数573万，由于自1966年停止高考，已经有十年没有高考了，这次高考覆盖了近10年的高、初中毕业生，那年的最终录取率只有4.7%，创

中华人民共和国成立以来的历年高考最低录取率。

我顺利地完成了我人生中最关键的一次考试，我被天津大学录取了，我要成为一名大学生了！没曾想过这短短的两个月竟给我的生活乃至命运带来如此大的变化。我抓住了机会，我们自己将梦想变为现实。这成功的喜悦难以用语言描述。感谢所有帮助过我的人，虽然岁月已经过去了40个年头，但现在想起来仍然是心绪难平，师恩如山！亲爱的老师，无论我们相隔多远，请记住您永远在我心中！在我人生关键的时刻，是您用力量帮助我登上了最重要的一个台阶。

进入大学如同开启了人生一段崭新的旅程，这是一段令人难忘的历程。我们对知识的渴望如同干旱数年的土地对雨水的期待，用如饥似渴来描述我们的学习都觉得不足，我们是以近乎自虐的方式刻苦学习，每位同学每天把学习时间安排得满满的，真是争分夺秒，每日“三点一线”的生活：宿舍—教室—食堂，每天的学习时间都在十四五个小时。高等数学是工科学生最重要的基础课，我们学的是樊映川的《高等数学》教材，我们每个人近乎是要把能借到的高等数学习题集都做遍了，答疑时更是会把老师围个水泄不通，甚至通宵达旦。老师们被压抑了十年之久的教学热情被我们所点燃，有我们这样的学生，真是喜出望外，纷纷展示自己的教学才能，彰显教授风范。记得为我们讲授高等数学的蔡老师讲起课来清晰流畅，循循善诱。他还非常注意仪表，白衬衫总是干净平整，板书工整漂亮。将难懂的高数内容讲得如此明了和简单，听他的课不仅是学知识也是享受。

清晨的校园湖边、树下到处可看到背诵英语的学生的身影，图书馆中任何时候都是座无虚席。晚自习教室占座也是一景，每间教室都被星罗棋布的坐垫占据，熄灯时间到了，值班校工要催促数次同学们才姗姗离去。考试时没有作弊现象，因为我们大家都知道我们是来学知识的，不是来混文凭的，考试就是检验我们掌握知识的情况，独立思考、独立完成是我们学习的基本态度，我们要对自己、对未来负责。在学习中，同学之间相互帮助，共同探讨课程中搞不明白的问题，有时甚至几个人一起讨论，没有隐瞒，没有轻视，大家都实心实意地把自己对问题的分析和理解与他人分享。

大学生活是紧张的也是枯燥的，但我们也把生活安排得很丰富，几乎每个人都会坚持每天一小时的体育锻炼。傍晚时分，操场上、校园内体育锻炼的人很多，打篮球、排球，踢足球，跑步，跳绳，等等。每个周末学校的露天剧场会放电影，现在回忆当时搬着小凳去看电影的情景仍然是幸福满满。

那时候学生宿舍楼的卫生没有专人打扫，我们都是宿舍间轮流值日，公共水房、厕所和楼道卫生都是我们自己清扫，大家都很自觉，注意保持环境清洁。这与现在高校中的情况是截然不同了，但我觉得我们的自我管理模式更好。

40年过去了，我们这届大学生被冠以1977级，我们以独特的气质、刻苦学习的态度给当时的校园留下了深刻的印记，以至于在我们离开校园多年，老师们一提起 1977 级仍会由衷地发出赞许。

大学四年的生活是短暂的，但却是我人生的一个重要阶段。在这里我们学到了科学知识，提高了人文素养，结识了终身的好友；在这里为我们的职业生涯打下了坚实的基础，获得了高飞的翅膀。我的母校永远在我心中，我的大学生活令我难忘。感谢母校，感恩我的老师们！

往事回首，岁月如歌。

作者简介：王悦音，1955 年生，研究员。1978 年 2 月—1982 年 1 月在天津大学无线电系本科学习，毕业后分配到北京理工大学工作，任电子工程系教师，后转管理岗位，历任师资科科长、校工会副主席、教务处副处长、直属单位党委书记和基础教育学院党委书记等。

上大学的感悟——理想·勤奋·奉献

李兆民

我是北京理工大学的一名退休教师，回顾过去的经历，感慨万千。大学阶段是我生命中最重要的一段岁月，人生中最美好的一段时光。大学生活丰富多彩，不仅要学习科学技术知识，更重要的是思想上的成长。有三件事对我的人生路产生了重大的影响，那就是入党、劳动和科研。

我清楚地记得，1954 年夏天，我收到了北京工业学院的录取通知书。当我知道它是中国共产党创建的第一所理工大学、新中国的第一所国防工业院校，传承了“延安根，军工魂”的红色基因，我很快要去这所学校学习国防军工专业后，感到既神秘又兴奋。学校的校园在我们的首都北京，党中央所在地，伟大领袖毛主席办公和居住的地方。去到北京后，每年国庆节到天安门广场游行时，还能看到我们敬爱的领袖毛主席，心中感到特别高兴，更加令人激动和向往。于是，立即准备行装，带着美好的憧憬去北京。由于国家正处于医治战争创伤、恢复和发展国民经济时期，交通设施落后，从成都到西安还没有铁路，连大巴汽车都很少。所以四川省招办就组织我们乘大卡车去北京上学。车上没有座椅，十几个学生为一组，连人带行李挤坐在一辆卡车上。经过两天在汽车上的颠簸，才到达西安。我们这一群从未离开过家门的年轻人，一路上并不感到劳累和艰苦，而是极为兴奋。到达西安后，换乘硬座火车，又经过一天才到达北京。当抵达北京前门火车站时，受到学校接待站老师们的热情接待。在乘车到达北京西郊车道沟校园后，又得到了老师和学长们的欢迎和帮助。很快办完了入校手续，一切都安排就绪，刚进大学的感觉真是好啊！和中学相比，大学这么大，楼房那么多，住宿条件好，感到好幸运！不久，学校在操场上举行了开学典礼，给我印象最深的是魏思文院长的讲话。他是一位早年参加革命的老干部，带有将军的气势，讲话不拿讲稿，感染性很强。他要求同学们珍惜在大学的时光，努力学习，毕业后做一名红色国防工程师。随后，我们就投入了紧张的学习生活。一个学期后，我感到大学和中学的学习生活有极大的区别，一方面体现在教学上，另一方面体现在对学生的管理方法和生活安排上。在教学上，老师每堂课都要讲很多内容，而且是讲重点、难点、关键点，还要留很多的作业，每节课后，都要用成倍的时间去阅读教材。为了适应这种学习生活，同学们都养成了在课堂上记笔记的习惯，这对大家很有帮助。当时流传着一段话："上课记笔记，课后看教材补笔记，考试背笔记。"因为由厚变薄，厚厚一本教材，精华全部在笔记本上了。在对学生的管理上，不像中学里管得那么具体，束缚那么多，尤其是中学的班主任老师，时刻都在盯着大家。在大学里，显得自由了，有主动权了，除上课外，完全由自己安排，掌控着生活。也正因为这样，极少数同学就把握不住自己，松松垮垮，贪玩，不求上进，甚至产生迷茫，失去人生方向和目标。在这种情况下，大学里的党团组织起到了非常重要的作用，成为凝聚大家的核心。学校的党组织教育我们，首先要搞清楚上大学的目的和人生的追求。在当年，我国从1953年开始实施第一个五年计划，开展大规模经济建设，以建立国家工业化初步基础。在这样的时代背景下，全国人民意气风发，斗志昂扬。我们这些青年学子的共同目标和追求是建设祖国，把祖国从贫穷落后的国家变成富强的国家。因此要努力学习，毕业后，当一名红色国防工程师。在那个年代，我校每个班上，都有一些参加过革命工作的工农调干生，他们比我们年龄大几岁，大多是党员。所以在大学一年级时，每个班都有党小组，每个年级都有学生党支部。这些调干生思想上成熟老练，我们大家把他们看成是自己的兄长，经常和他们在一起交流，他们在思想上给了我们很大的帮助，为我们具体指点正确的人生路。在党组织的教育下，我们系统地学习了党的理论知识和党的历史，我明白了正确的人生奋斗目标和追求，初步建立起了对马克思主义的信仰和实现共产主义的理想，因此提出了入党申请。经过党组织的培养、教育和考察，进入大学一年多后，在1955年年底，我光荣地加入了伟大的中国共产党。我们在学校的礼堂里面向党旗，举起右手，庄严地进行了入党宣誓。我决心牢记誓言，不辱使命，忠诚于党的事业，为共产主义事业奋斗终身。这是我生命中最快乐的日子，我感到非常幸福。

在大学里，除上课时间外，都由自己安排，班委会、学生会、团组织发挥了很大作用，使我们的大学生活丰富多彩。班委会组织全班同学每天早上做早操和跑步，经常开展各项体育活动。学生会组织了各种社团活动。我参加了舞蹈队，每周都要去跳舞。团支部每月都要组织一次团日活动，让生命之花因年轻而生彩，青春因活力而生辉。

在大学生活中，参加劳动是一个重要的环节，对于提高思想认识，锻炼品格，都有很大的教育意义。学生会和团委组织我们参加了收割玉米、修建学校东操场和修建学校汽车库的劳动，特别是组织我们参加修建北京十三陵水库的劳动。该水库于1958年1月开工，仅半年时间就全部建成，北京市先后动员了40万人到水库工地参加义务劳动。特别令人难忘的是，我们的伟大领袖毛主席和周恩来总理也率领党和政府的各级领导去参加修建水库的劳动，更把水库的建设推向高潮。在那个年代修建水库，很少有大型挖掘机、大吨位的载重汽车，劳动者们用的是铁镐、铁铲、土筐、簸箕、扁担和独轮手推车，就是使用这些简陋的劳动工具进行挖石、铲土和运料。在

十三陵水库工地上，几十万劳动大军汇成人海、歌潮，红旗招展，热火朝天，场面十分壮观，让每一个身临其境的人，永远难以忘怀。我们在水库参加了两个星期的劳动，每天劳动八个小时，分为白班和夜班。白天头顶烈日，晚上又凉凉的，夜以继日地劳动。休息时就住在工地的帐篷里，一日三餐都在工地吃饭，十分简单。主食大多是玉米粉做的窝窝头，副食大多是青菜。两周的义务劳动结束时，皮肤晒黑了，手上起泡了，但思想上的收获很大，深感劳动的光荣和伟大，看到了广大人民群众建设社会主义的热情，看到了党领导人民建设国家、造福人民的生动情景。

在那激情燃烧的年代，1958 年夏天，北京工业学院在全国率先开展了研制和发射探空火箭的科研，魏思文院长亲自挂帅，系领导直接指挥，我校高年级学生满怀激情地在老师的带领下，投入到勇攀尖端科学技术高峰的洪流中。我有幸参加了这项科研——探空火箭发动机的地面实验。当时没有实验室，没有测试仪器，在学校校园最西边名叫“小南庄”的地方，选择了一片荒凉场地，挖了一个两米多深的大土坑，把固体火箭发动机垂直固定在土坑中的钢板上，目的是检查我校六系新研制的“橡胶火药”的工作性能和发动机工作的可靠性。虽然没有测量仪器，但试验主要是观察发动机能否正常点火工作，是否会爆炸。试验时参试人员都在较远的地方隐蔽起来进行观察，但是点火指令下达后，发动机没喷火，等待半小时后，仍然没有动静。领导要求大家撤离试验场。几小时后，万春熙学兄和我两个人去到试验坑内检查和拆卸。当时我最担心发动机像定时炸弹那样爆炸，但毕竟年轻气盛，具有初生牛犊不怕虎的勇气，我们两人不怕危险，不顾个人安危，走进试验坑内，小心翼翼地断开点火导线，把发动机的底盖拧开，取出点火药盒后，危险就解除了。把分解的发动机零部件拿出坑外，找出了发动机没有点火的原因后，立即重新进行装配和实施第二次试验。试验结果，发动机工作正常，令人满意。这样就为 1958 年 9 月我校在靶场进行我国第一次探空火箭成功发射奠定了基础。我第一次参加固体火箭发动机地面试验的这段经历，给我留下了难忘而深刻的记忆，也使我十分敬佩万春熙学兄临危不惧、奋不顾身的精神，因为是他带我去完成了这项任务，也使我经受了一次危险的考验和精神的洗礼。如今 60 年过去了，仍刻骨铭心，记忆犹新。后来，我又多次参加了探空火箭固体火箭发动机的大型地面试验。当时试验设备十分简陋，试验条件艰苦，但我们这一群年轻人，凭着攀登科学技术高峰的激情和艰苦奋斗的精神，克服了重重困难，经历了种种风险，完成了一系列试验，保证了我校多次发射探空火箭的成功。在我校探空火箭的研制过程中，我还和同班的程大新同学，承担了二级探空火箭的级间联结和分离装置的设计工作。那时我们还是四年级的学生，在没有任何技术资料的情况下，敢想敢干，进行创新，经过多次实验，终于设计出了级间分离装置，成功用于我校探空火箭的飞行试验。

在大学里，由于我热爱和拥护党，听党的话，学习上勤奋努力，政治思想上觉悟高，是我们年级中最早入党的一批学生党员，在科研中成绩优异，因此学校决定我提前半年毕业（当时我们的本科学制是五年）。1959年3月我留校担任教师，从事科研和教学工作，开启了教书育人，立德树人的漫长人生路。

我深深地感悟到，大学生活对一个人实在是太重要了，这是人生观、世界观、价值观形成的重要和关键时期，对每个人的一生都有十分重大的影响。大学生活使我领悟到了人生的价值和意义在于理想、勤奋和奉献。有了理想就有追求，才会有精神动力，理想是精神动力之源。树立了理想，必须为之奋斗，在奋斗中成长，才会有成果和幸福，奋斗是幸福之源。要把自己的一生奉献给祖国和人民，奉献给党的事业，生命才有价值和意义。

作者简介：李兆民，1936年8月生。1954年9月就读于北京工业学院；1959年3月提前毕业留校任教师，从事教学和科研工作。曾任喷推实验室和111教研室党支部书记、教研室主任。1988年获“北京市高教系统先进工作者”称号，1996年被评为北京理工大学优秀共产党员。工作期间共获奖15项，其中3项获国务院国防工办科技进步奖，1项获中国石油化工集团公司二等奖，参加研究的J-201反坦克导弹和红箭-73反坦克导弹项目获全国科技大会奖，红箭-73反坦克导弹延寿实验项目获国家科技进步一等奖。1997年退休后，为高等教育自学考试的学生讲授毛泽东思想和邓小平理论课长达七年；2012年至2015年被聘为我校党委学生工作部的党课教师，为我校入党积极分子讲授党课。2010年至今，先后在我校宇航学院、软件学院、计算机学院、自动化学院担任党建组织员，从事学生党建工作和学院的党课教学工作。其间，先后三次被评为北京市优秀特邀党建组织员和关心下一代先进个人，2015年被评为北京理工大学优秀党务工作者。

忆往昔……

方嘉洲

我是北京工业学院1955级学生，入学时22岁。我1933年4月23日出生于广东惠来县东陇乡一贫苦农民的家庭。在个人难忘的记忆中，刚懂点事，就知道日本侵略者在我国大片地区横行霸道，奸淫掳掠。家乡人民生活都很苦。我乡是惠来县第一大乡，没有学校，偶尔有人办几天私塾，孩子没有学上。大革命失败后，我父亲因为参加革命，是国民党通缉的对象，长年不在家。全面抗战爆发后，国共联合抗日，国民党取消通缉，可能是1941年前后，我父亲回家时一身病，没多久就在家病逝了。1943年我家周边几个县半年多不下雨，闹旱灾，到处闹饥荒，饿死的人很多。旱灾过去没多久，1944年夏天，突然告急，日本侵略者在神泉港登陆，到处烧伤抢掠。乡民终日生活在恐惧之中。那时我母亲一人带着家中五个孩子，里外都靠她一人，除了种地，早晚还要到神泉港码头当挑工，家中生活吃了上顿没有下顿，非常困苦。1945年8月日本投降，9月的一天下午，我母亲从码头挑货进城，回家时在县城路口遇到等人挑行李的两位青年，他们是一对夫妻，男的叫方文瑞，女的名马菲，后来我才知道他们是共产党员，是组织派他们到农村工作的。他们当时有两箱行李，我母亲问明他们要到的地点，得知他们要到我乡，后又知道他们要来我乡办学。行李挑到后，他们要付工钱，我妈不收，说："你们来办学教孩子，我不能收你们的钱。"可能因此给他们留下印象。当他们发现报名的孩子中没有我，并得知因家穷交不起学费不敢报名，便上门到我家，说应给我报名，学费以后再说。开学没几天，问我愿不愿意帮他们做饭，并说如何做他们会指点，我说愿意。我就这样与他们更亲近，一边学习一边帮老师做饭、送信。1947年秋闹水灾，小学停办。老师离乡没多久，我得知他们上山打游击，便让母亲带我上山参加革命。上山没多久，因天冷回家准备过冬衣服，再上山已快过年了。我第一次填履历表，写参加革命时间是1948年1月。我在游击队时当交通员；后来在的部队为闽粤赣边纵十团，我的年龄为全团最小。1949年，在农村工作队，入团；1952年在广州太平区参加"三反五反"运动时加入中国共产党，同年进当时党和国家创办的"广州工农速成中学"学习。当时是三年学完初高中六年功课，学习很紧张。我各门功课成绩比较好，也正因此才有机会和条件到北京工业学院上学。我是1955年8月到北京工业学院报到的，地点在车道沟，专业是炮弹设计与制造，专业代号为“8”，班号为8551。那时学制5年。1960年，大学毕业前一年，参加学校1958年开展的探空火箭（505）科研，我参与火箭发动机研制组。这项科研，当时学校各个系共250多人参加。科研组有一党支部，支部书记由当时系总支书记朱前标兼任，另一位是教师吕育新，他也是当时系领导，再一名委员就是我。我还先后参加那时在河北昌黎和内蒙古朱日和靶场的试射实验。毕业前夕，在朱日和靶场时，吕育新老师告知我返校将到新成立的火箭研究所（21所）工作。回学校时，方知因国家经济困难，火箭研究已撤销，我工作也发生变化，通知我到校党委政策研究室报到。从此我从学习机械专业转到做行政管理工作。后来，我到校印刷厂任革命领导小组副组长，又到河南“五七”干校，分在基建连，边种地边盖“五七”干校办公与宿舍住房。改革开放后，一度在我校一系（现宇航学院）任党总支副书记，1983年到管理系任总支书记，后来担任管理学院党委书记；1994年4月离休。离休后，用三年多时间写了一本十多万字小说，书名《山高水长》。这本书1997年5月由北京华文出版社出版。1999年经当时校党委书记焦文俊同志几次谈话和鼓励，我又到校老干部处（现离退休工作处）党委任书记，做了两届，直到2006年73岁时准辞。

2005年，在保持共产党员先进性教育时，我在个人学习小结中写道，自己参加革命以来，比较满意的两点：一是年轻时参加革命，在党的旗帜下踏着先烈的足迹，跟随先辈，为新中国的诞生而战斗。一个人力量微乎其微，但方向正确。二是离休后，以个人的感悟和认识，写了小说《山高水长》，叙述主人公与党风雨同舟的故事。当时还写了《满江红——留得忠诚报先贤》：

年少上山，求解放，高举红旗，向前冲。期望天明，民主沉浮。欢呼新中国诞生，人民政权为人民。众先烈，血洒遍神州，永铭记。

国家强，人民富，心所系，何时达？风雨迎人生。学习理论，信念宗旨永不能忘，留得忠诚报先贤。兴中华，万众心一条，朝前走。

人的一生，离不开所在的历史时代，这是自己人生的平台。时代决定命运和前程，方向是根本。人生会遇到很多原先想不到的事，不论是顺利还是不顺利，是机遇还是困难，悲喜、挫折，都是对自己的考验和考试。这就是如何生活和如何面对人生。人生的历程中，都离不开一个载体，这就是个人身体。把人生道路比作海洋，身体就是到达彼岸的船。

大学是人生难得的历史阶段，要在这个历史阶段中全面提高自身素质，这是万不可错失的良机。只有充分利用，才能更好地迎接人生，与党、国家、人民同命运，在民族复兴大道上，同创美丽的时代，创造美丽的人生。

作者简介：方嘉洲，1933年生，广东省惠来县人。1948年1月参加革命，党员。

1952 年 9 月—1955 年 8 月，广州工农速成中学学习（兼校团总支委员）。

1955 年 8 月—1960 年 8 月，北京工业学院学习（兼系党总支委员、班党支部书记、学生辅导员）。毕业后留校。历任校党委政策研究室干事、党委秘书等。1982 年任一系（现宇航学院）党总支副书记、系工会主席。1983—1994 年 4 月任十系（现管理学院）党总支书记（校党委委员）、管理学院党委书记等。

1994 年 4 月离休后，曾任北京潮人海外联谊会理事、常务理事、监事等，校老科协秘书长、副会长。1999 年 6 月—2006 年 7 月，任校老干部处党委（现离退休教职工党委）书记、关工委副主任等。现为离退休党委委员、离休第五党支部书记。

主要荣誉：1986 年校优秀政工干部；1998 年校优秀党员；2017 年中华人民共和国工信部老干局“奉献有为之星”。

大学培养我主动学习和解决问题的能力

赵燕平

我是1977年恢复高考后第一届考入大学的学生。我们这一届学生大部分是经历10年“文化大革命”、从工厂或插队的农村直接考入大学的，也有少部分是高中应届毕业生。所以我们这一届的同学是“老的老，小的小”：老的是老三届的高中生，都30多岁了；小的是刚毕业的应届生。当时我们学校为了培养基础课师资，专门招了三个班：数学、物理和力学班，各30名左右学生。我是在基础部数学班。当时的教室是固定给我们的，有宽大的桌椅，一人一套，可以放很多书籍在书桌里。

大学本科阶段

我们刚考入大学时，感觉比起准备高考时要轻松很多。因为我们在插队或工厂的时候，白天干活，下班后还要熬夜进行复习；现在不同了，下课后，整个下午或晚上就没事了。直到来了一次小测验，全班成绩都比较低，还有两个不及格的，这才使得同学们感到大学课程并不容易通过，才开始认真学习。

老师们建议我们要多跑图书馆、多借阅书籍。于是我借阅了很多参考书，但不知道怎样抓住重点。对着一大摞书，发现不同的书写得不一样，我就把感兴趣的和看起来容易接受的书留下。有一套苏联的《数学分析》教科书非常好，课堂上没听懂的通过自己看书都能懂，这样我就自己找到了好的“导师”。后来，同学们问授课教授哪本书好，教授马上提到了我借的那套书。后来一次考试，老师出了一道比较难的题目，我却并不觉得很难，并取得了较好的成绩。这才知道学习要加强自主性。我在自学看书中得到的知识远比课堂讲的内容深入，而且还有助于提升理解能力，可以帮助我把握做难题的方法，而不是死记硬背。

给我们上第一门“数学分析”课的教授是孙树本先生，他早在34岁就做了北大教授，他给我们上课时已经70多岁了。他给我印象最深的是经常在100多人（数学班及两个力学班）的大课堂上叫起学生回答问题，而且最有趣的是他对任何答案都不置可否，而是继续问下去，让另一个同学答出不同的答案，这样引导我

们思考谁对谁错，而不是依赖老师给出正确答案。事实上，经常会出现 5~6 个答案，最后孙先生还是让大家自己去找答案。孙先生的教学方法是要锻炼学生自己思考找答案。这是我最初受到的教诲：学习需要有自主性。这是中学所不曾得到的教育。

对于先生留下的问题，我估计有一部分人是在等别人给出答案。而我却去图书馆、翻书、思考，自己找答案。这样就费了大量时间，我经常感到跟不上进度，自己要补的东西太多了，觉得自己的水平太差了。但事后发现，这些问题在考试中都遇到了，很多同学觉得难，我却觉得不很难。我甚至觉得老师在出一些基本题，完全不是难题。那部分畏难同学是没掌握自主学习的要领。坚持这样的学习方法使我慢慢走到了前列，成为大学中成绩较好的学生。

更大的收获还在于毕业之后。我发现在生活中也是同样的道理：当你遇到一个重要问题，如果只想着“绕开吧”，那么这个问题一定在关键时刻让你过不去。所以我一生中都是不放过任何在重要关头遇到的问题，一定追到底能拿出圆满的答卷才罢休。同时我在教学中也要求自己带出好的学生，要使他们有能力解决从未见过的问题。我想这就是大学入门级课程带给我的最大收益！

研究生阶段

在研究生阶段，我的导师是研究生院的副院长王式安老师。王老师为我们建立了非常良好的学习和研究环境。他同中科院应用数学所的安鸿志老师（后来是应用数学所所长）有合作项目。在此期间，我跟随安老师辅导数学系的“数理统计”课程。安老师是我从事数学应用研究的启蒙者。他办的研讨班是研究生和研究员们一起参与的，还跟着学了中科院的很多研究生课程，这些使我的科研能力大大提升，我学会了评价一些统计方法的优劣。

安老师经常把生活中的问题抛出来，问我们怎么解答。例如安老师曾经问过一个问题：“假定每个家庭都想要男孩，这时假如节育政策制定者规定：‘如果生了男孩就终止生育；如果第一个是女孩，则可以再要一个，直到生一个男孩，则终止生育。’那么多年后，我们的人口会不会男人多于女人？”这是一个开放问题，老师没有给答案。但它却引导我去证明是否会导致男女比例不同这样的社会问题以及政策的后果。这无形中给我打下了非常好的统计学基础（也因此，后来在遇到可以转到计算机和管理科学研究的机会时，我能够成功地转过去），还培养了我做事情需要反复论证的习惯——在听课和查阅书籍的过程中，在寻找答案的过程中，不停试错、不断探索。后来我自己讲授统计课的时候，也同样把一些具有思想性、趣味性的案例引入课堂，启发学生思考，引导他们发现学科的魅力。现在回想起来，在研究生阶段，我学到了如何在研究中找到乐趣。

工 作 阶 段

我大学毕业后留校任教。在工作中偶然碰到了曾经担任数学系主任的叶其孝先生。他是从北大数学系（原副系主任）调过来的。叶先生是中国大学生数学建模活动的发起人和引领者之一。早在 1988 年，他在美国 Duke 大学讲学期间，看到了美国大学生数学建模竞赛的优点，那就是在解决工程和应用的问题中，可以获得数学的创新灵感。特别是像我们学校这样以理工科为主的学校，更应该在数学系的学生和教师中开展数学建模活动，引领他们参与全校以及校外的科研活动，将数学运用到工程和社会生活各领域中去。同时，还将吸引各个院系的研究团队与数学系合作，在解决关键科学问题时创建各领域中新颖的数学模型。

这个活动的初步形态就是参加美国大学生数学建模竞赛。这个竞赛的新颖之处就是，它不是中学生的奥林匹克竞赛，而是大学生们研究与解决问题综合能力的培养。美国的科学家们每年提出一些具有挑战性的前沿问题，汇总后，从中筛选出两道可以适当简化成大学生小组在三天内共同完成的任务。小组里的成员可以来自不同专业，限三名学生。他们可以查阅图书，可以使用计算机，可以利用各种知识，建立不同的数学模型来获得解答和验证，并完成一篇论文。

叶先生同美国科学家取得联系，并探讨了中国学生参赛的可能和策略，最后商定由美国科学家对所有中美学生的论文进行评判和一起公布获奖名单。叶先生着手组建了北理工指导教师团队，其中有微分方程、运筹学优化、图论代数、数理统计等方面的数学系老师。整个活动非常具有挑战性，要求学生具备创新能力、协作能力、探索能力和拼搏精神。我是参与的指导教师之一。这对我这个青年教师来说也同样具有挑战性，因为我从来没有接触过这么广而难的前沿问题，而且还要在很短时间内翻译学生的参赛论文。叶先生身先士卒，引导大家从零开始学习，从阅读前几届获奖学生的英文论文着手，学习人家的模型和计算机算法，等等。

当时给我印象最深的是前一年清华大学参赛学生获得一等奖的论文，当时的题目大致是这样："在网络中如何调度才能使得网络传输不拥堵或拥堵少？"没有给网络节点数或拓扑结构等细节，只有对问题的正确理解。当时（1990 年）互联网还未在全球搭建（1993 年才在高能物理所搭建了中国第一台 www 服务器），就给学生提出这样的问题，可见科学家们考大学生们的研究题目是多么超前！当时清华同学提出的解法关键点就是："如果把通信网络比作交通线路，假如在一个路口有很多车辆要通过，那么一个大的、长的公交车，一定容易把路口堵了，这车就好比网络节点上的信息包。那么他们的方法就是把大的包都拆成小包，这些小包里都有大包的起点和终点地址，并有编号，在每个节点（路由器）上设计算法，可以把到来的小包从当前可通向终点的任何一个空闲的支路上发出去，这样就不会堵塞路口，

而且能最快地分发完；到下一个路由器，也同样分发，最终在终点将其汇合。”这样建立图论和离散优化数学模型，在计算机上实现该路由算法并进行网络模拟和验证。他们这样的算法获得了一等奖。可见中国同学们的思想和世界顶级互联网设计师们的思路是吻合的！

每年的题目并不局限于网络，还有生物医学的、核磁成像的、气候环境的，等等。经过这样的启发培训和拼搏学习，1991 年，我们学校的学生也获得了一个一等奖。当我们学校的学生于 1993 年再次获得美国大学生数学建模竞赛一等奖，我们当时的校长王越院士亲自来为学生们祝贺，参加了在我校举办的为国内各校参赛学生颁奖的仪式。当时的国家教委高教司司长周远清也亲临颁奖会。这说明国内外的科学家们以及政府领导们，对此项活动的意义取得共识。最让学生和指导教师欣喜的是，王越校长还宣布奖励整个团队一台当时最先进的电脑！这在当时极为稀缺计算环境的学生们看来真是无价之宝。

数学建模竞赛活动不仅锻炼了学生，同时也提高了我们青年教师的能力，大家都深刻认识到数学模型的威力。在这几年中，教师们除了完成教学科研任务外，还要和学生们一起，集中几个月时间学习数十篇优秀的英文论文，并且提出模拟题让学生训练，让学生们对各种改进的模型进行比较，还要在三天内完成一篇论文，训练强度很大。指导教师们要非常忙碌地评阅论文，每次模拟竞赛以后，十几个队同时交论文，一两周内教师们就要给学生评定和讲解，分析优劣，工作量之大，时间之紧迫可想而知。但看到学生们由于参赛而大大提高了能力，走向世界更高舞台，为他们的人生开辟了广阔的前景。一切的辛苦都不算什么。

后来，我从数学学科转入了计算机和管理科学结合的领域。多年来，我和多位优秀的科研带头人一起合作，高质量地完成许多重大项目，取得许多成绩和奖励。我们的新颖模型，从本科做到研究生，发表到计算机和管理科学顶级会议上和科学期刊上。有些计算机算法的成果还获得了国家专利授权。

回想这些成就，很大程度是受益于大学培养了我在课堂之外自学的能力以及解决问题的能力。在人生最好的时代，在大学本科、研究生以及工作阶段，我得到了极具智慧的教授们的指导，参与了数学建模活动的大强度训练，这些为我打下了扎实的学科基础，提高了我的自学能力，拓展了研究能力，提升了实践创新能力。因此，我才能不辜负时代赋予我的使命，为国家、为学校获得荣誉，实现自己的人生梦想；才能够把我所拥有的知识传授给很多优秀的学生，培养他们在世界各地、各个领域，利用所学为人类造福。这是人生最值得骄傲的事情。

如果让我再上一回大学，我会说我仍然会选择北理工，它聚集的人才、汇聚的智慧，以及人生路上盛开的友谊之花，让我终身受益，鼓舞我勇往直前！

作者简介：赵燕平，原管理与经济学院教授。曾任管理科学与物流系、网络搜索挖掘与安全实验室副主任，联合国开发计划署（UNDP）“中国可持续发展网络计划”项目专家，国际计算机协会 ACM 会员，中国计算机学会高级会员，情报学会会员，国家自然科学基金委同行评议专家，北京市自然科学基金委同行评议专家，IEEE 多个国际会议的分会主席。

曾承担、参加和主持多项国家级、省部级科研项目。科研成果曾获省部级科技进步三等奖（两次）、北京理工大学科技进步一等奖、北京市卫生局科技进步一等奖。发表论文几十篇（被 EI 工程索引收录），曾获全国优秀高等工程教育研究成果论文二等奖、国际会议的优秀论文奖等。

讲授过电子商务概论、IBM 网络营销认证考试课程、数据库系统应用、网络信息内容安全、数理统计、数学建模、商务统计等课程。

做一名刻苦学习、敢于担当的人

——我的大学生活及感悟

陈熙荣

我是一名北京理工大学从教数十年的高龄老教师。我们这一代人，经历了祖国深受日本帝国主义欺凌的抗日战争时期，抗日胜利后的解放战争时期，中华人民共和国成立与自力更生奋发图强的发展建设和改革开放、屹立于世界之林的强国时期。

1947 年，我在统战区就听过中共地下党的宣传，知道中国共产党、毛泽东等鼓舞人心的名字。随着战势向南推进，各界人民日益觉醒，进步青年纷纷到解放区去，到光明的地方去！1947 年，我大姐从西南联大转到北京大学外语系，以后通过中共地下党到解放区从事革命工作。1948 年，我哥哥通过中共汉口地下党绕道上海北上北平，再转到解放区。我妹妹 1949 年在汉口刚解放之际，参加中国人民解放军南下工作。这些都对我影响很大。对比我们全家过去的种种经历、种种遭遇，只有跟着共产党才是青年的唯一出路。对比新旧社会，很容易接受革命的道理。

1949 年秋我已是高三学生。1950 年 2 月 9 日，我通过申请审查被正式批准加入青年团。我读完高三以第二名成绩拿到高中毕业文凭。我志愿报考理工科大学，认为理工科是硬本领，学文可以自学。由于父亲早年病逝，母亲没有能力负担我上学，我便乘火车北上，到北京和天津找哥哥和姐姐。这时正值华北大学（以下简称“华大”）工学院 7 月在全国招考，然后紧接着各大行政区再统考，我均报了名。我在沙滩北大红楼华大工学院考场应试，若干天后，我又去试考华北地区统考。最后，我被华大工学院化工系录取，后来又收到天津大学电机系的录取通知。华大工学院是培养我成材的殿堂，我有幸身处其中。

华大工学院是供给制，直接为新中国重工业建设培养高级技术人才，开设的专业十分吸人眼球，有钢铁冶金、机械、电机、化工、航空、汽车等，学制 5 年。华大工学院目标明确，与当时一般大学理工学院有所不同，而且学制长。华大工学院虽来自解放区，但起步高，各系都聘请国内外科班出身的专家参加建系、讲授课程，还有一大批来自名牌大学如清华、北大、北师大、复旦、交大、武大、川大等的毕业生从事各科的教学工作。我们的曾毅副院长，主管学校日常事务。他是法国留学生，在法国学数学，后来他还经常在学生课堂听课，收集教师、学生的反映。我们学校的事务长是原国民党文职少将胡兰畦。

学校的原地址在东黄城根40号中法大学旧址，中法大学教学楼、图书馆、实验室、办公室、宿舍楼有如庭园，建筑质量上乘，分散在校外地区的还有机械电工实验室及宿舍。特别是图书馆很有派，高大的建筑楼下为礼堂，楼上为阅览室，高大的落地窗帘，每人一个台灯和大座椅，比我老家的武汉大学还气派，是一个真正读书学习的环境。我们化工系学生始终在这里学习，1955年后才逐渐搬迁。大学是一所学习的高级殿堂，环境安静幽雅，让你敬畏，让你潜心学习。

我们班的同学，是竞争录取的，大多是原来学习的佼佼者。班上同学有来自武汉大学、南昌大学、华西大学、重庆大学等的大一学生，也有已被清华建筑学、冶金学、化工系录取的学生，还有北京一女中、北师大附中、天津南开中学、上海中学、苏州中学、常州中学、武昌实验中学、长沙一中等有名的重点中学高才生。我们5501班可谓是高才生云集，他们学习基础好，学习能力极强，学习钻研精神极佳，学习自觉性很高。大家是为学习而来，没有分心一说，一上课老师一讲就明白了，还嫌太浅，给老师压力很大。这些讲课的老师以教授居多。那时有的大学一年级是用英语讲课，教材也是英语的。我们学校政治化强，上课书籍均用中文，为此有些同学还不高兴，认为没有大学的范。学校教务处为了我们的学习效果，为了保证学习的水平，要求讲课老师不能按一本老书讲，要多看参考书，将讲课内容丰富起来；所以学校教务处有一刻写蜡版和油印的庞大工作室，那些参加工作的同志能刻写最好的书法和描图，每次油印的补充教材在讲课前就发放，不耽误学习。尽管这样，讲课老师总感到压力大，因为学生太强势了。

1952年，全国院系调整，航空系、钢铁冶金系单独成立学院。与我们在一个教室听课的钢铁冶金同学“小二黑”从此与我们分开，航空系的学生会老大哥也走了，真是各自东西。我们华大工学院改名为北京工业学院，专门培养军工行业的高级技术人员，隶属于当时二机部（军品）。我们北京工业学院所有系按苏联相关专业教学计划进行。我们的班代号是5501，即第五专业（无烟药制造及性能）。我们学了很多课程，与炸药合成及性能有关的化学化工基本理论、实验、工程近10门，工程师应学的力学机电、热工、金工、制图工程课，专业课及跨界专业课，还有管理、防火安全、建筑等，近40门。我们专业很重视实习，大的实习有三次，更重视毕业前的实习和毕业设计，目的是培养一个专业基础深厚、知识面宽、驾驭全面技术的工作者。尽管是五年，学习内容都是满满的。我们没有假期，也无路费，也不想回家。

我们的政治学习极正规，按三年排课，中国革命史、辩证唯物主义与历史唯物

主义、政治经济学均按口试（最高级考试）计成绩。

我们并不只是学习，政治思想工作有人做，平日有党团组织生活。党员学生极少，他们学习好，对同学关心，和颜悦色，与同学耐心谈天，解决一些思想障碍，总之让大家明白学习的目的，从而增强责任感。团小组生活还有批评与自我批评，及时提醒我们正确处理一些事。我觉得及时提醒自己的不足，不犯自由主义，还是对青年有帮助的。我们班有很多同学申请入团，团总支要我这个老团员与他们分别落实，认真了解他们的入团动机和要求。其实就是互相谈心，讲情况，讲认识，经过一段考查证明条件成熟，就能正式入团。当时彼此都很认真，互相进步。

我们班同学相处融洽，比较单纯，相处五年情同手足。因为毕竟是青年人，活跃而调皮，于是一个班每人都有外号，还以外号相称，时间久了甚至忘了他的真名。我们起外号都是以外形或某次活动特点即兴起，如赖皮、小馒头、土豆、花生米、地瓜、小布人、拨浪鼓、老虎、鸵鸟、小肚皮、小二黑、阿木林、拖拉机、三毛、皮球、大妈、老许、维辛……在外面大庭广众喊叫，也叫外号，彼此都叫惯了，互不反感。有一次我回老家，后来接到一封信，要我马上回校参加毕业前的学习，信中抬头是土豆，落款是花生米。我妹妹看到信后摸不着头脑。团总支为此批评我们，后来大家偷偷还在叫，到现在老了也有时称外号，很亲热。

我们班几乎每人都有工作，党团组织工作、学生会、班委会、各科课代表、文体代表、学生宣传广播工作、实习队长、保密员、生活委员……每个人的工作都做得有声有色。我们班同学文体方面也很行，唱歌、演戏、弹琴……我们班老许（许又文）就特别会绘画，画了一个真人大的革命女英雄卓娅竖在大门前。

五年学习期间，虽然全国工农大众生活水平低，很困难，但党和国家为了培养我们成才，生活上对我们真是无微不至地照顾：学校的伙食非常好，每餐荤素搭配，每次期终考试还要给我们每人炸一个荷包蛋补充营养。出去实习，享受干部补贴等级。在工厂实习，因为接触有害物质，可去保健食堂就餐，有牛奶、蛋糕，或者发甲等餐券。五年的学习生活，各方面条件国家都照顾到了，我们从来没有任何困难。国家对我们唯一的期望就是学到本事，担当国家建设的重任。对比抗日战争时期以及解放战争时期真是新旧两重天。我们在新中国新型大学读书时期，学习生活充满了幸福和欢笑，活泼的性情与个人才智全释放出来。我们没有犹豫，没有彷徨，而是确立为人民服务的正确的价值观和人生观，我们个人没有自己的打算，就是为建设新中国而学、为革命而学，祖国分配我们到哪里就到哪里。我们还特别喜欢下工厂，实实在在战斗。五年的努力学习，努力钻研，我们已是合格的专门人才和建设者。

通过严谨的毕业考试答辩，确认了我们的毕业成绩，最后大部分人被分配到国家所属的研究所、设计院及各技术部门，少数人再读研究生，继续向苏联专家学习。

我被分配到当时北京工业学院第七专业（如今北京理工大学机电学院8系83专业）教研室任助教。第七专业是关于炮弹装药、火工品与烟火产品的制造与性能的专业，显然与我原来学的火炮发射药制造性能截然不同。这个改变与过渡必须由我自己来完成，不是说学了就能拿来用，还需要完成这个改变。七专业实际上是一门边缘学科，牵涉的基础太多，化学合成化学反应少了，物理的、机械的、力学的范畴多了。第一次报到，学术带头人、教研室主任丁敬先生与我见面。丁先生简单地告诉我，一两天内出发，一个人到××厂全面实习一个月，为今后学生毕业实习和毕业设计做教学准备。教研室还催交学生实验所需要的模具，因为马上用，不能耽误。当时我有些不爽：我初出茅庐（23岁），不想一个人到陌生边远的工厂学习。当时又无人商量，反过来又想，困难总是能克服的，因为我毕竟有专业理论基础，有独立思维能力，有军工专业知识。于是我冷静地做好学习计划，在实践中学习，向工人师傅学习，向各行技术工作者学习，从专业车间到全厂有关车间，从产品图纸到检验测量都认真学，并结合备课。最后我按期完成教研室交给我的任务。

随着国际形势变化，党和毛主席号召自力更生、奋发图强。原来专业内容及培养学生的教学计划绝不能再照抄照搬，不能只搞常规武器试制产品和它的纯生产工艺研究，要搞火箭弹、导弹。为此要学习新品，从而要研究机理，要实体设计制造，还要性能检测。原来我们的专业学习基础不够，需要更深的教学基础，还有查阅外文文献与情报的能力；需要改变教学计划，充实教材内容，使培养的学生具备适应新的任务要求的能力。1969年，我们83专业主攻方向与核工业产品挂钩，我们面临新的挑战：精密装药成型药栓加工及这种弹塑性物质的力学性能、物理性能的精密检测方法的研究，以及用光测电测的高精仪器对成型装药的爆炸性能精密测试方法研究。这一系列高级实验室建设及各种有效实验方法应用都是我们工作需要攻克的难点。有国家科研经费投入作保证，我们专业的师生一批一批投入科研工作，这就是我们以丁敬先生为首的“032工程”。1963年后，随着爆炸测试高级实验室建成及有关科研项目研究成果多篇科学论文的产生，我们专业跃上一个具有国内领先的高水平地位。我们与核工业部有关研究所、五机部、三所、兰化所、上海有机研究所、中科院力学研究所频频来往，进行交流，培养的学生很快走上工作岗位，承担国家的顶尖任务。

改革开放，恢复高考，激起全校教师对工作的紧迫感，要把“文化大革命”十年失去的时间抢回来，要以高质量教学迎接新生。学校早就提出高等学校教师要通过两大关：一是教学；一是外语。1975—1976年，数学教研室以饱满的热情为全校

教师在主楼教室开线性代数、概率统计、算法语言的大课，每周上课，结束后参加考试，核完成绩载入个人档案。我和好几位教研室同志都参加了，因为这时还未有教学任务。学校还请美国讲师团教口语（每系 2 ～ 3 人，我也被派去了）。我们 8 系走在全校前面，号召副教授以上必须学外语，聘请外语教研室教研究生外语的老师讲课，着重科技类，平常做习题作业，每天在晚上讲课。我们系坚持了一年半，效果很好。全校学习氛围很浓，大家认真听课，认真参加考试。因为化工类数学内容少一些，我就又听了一遍机电类的高等数学。我还学了流体力学、弹塑性力学，为的是提高自身业务基础、讲好专业基础课、带好研究生。改革开放后前几年，校园里形成一道亮丽的风景：人人几乎都是骑着一辆旧的自行车，提着一个尼龙绸兜，内装讲稿、资料或书本，往来于实验室、教研室、资料室及图书馆。有的同志晚上舍不得花时间看电影，要抓紧时间看书。学校有食堂，许多人为节省时间就在食堂吃饭。大家生活很充实，一心想的是自己的业务与教学，如何拿出高质量的教学成果。家里孩子的生活、学习也很简单，无老人照顾的家，孩子到食堂吃饭，脖子上挂个钥匙，放学自己回家写作业。

20 世纪八九十年代，我们理工大学在社会上学术地位很高，学术气氛很浓。就我们系和 83 专业而言，请我们参加技术鉴定项目的会很多，除兵工系统部队研究所、石油研究所、林业研究所，还有电视机厂等单位。我们学校的毕业生遍布全国各地，回校询问和讨论技术问题的很多。因为我们各专业专家都有极高的威信，实验室水平高，往往在学术会议会上，我校拿出的实验数据具有权威性。我们 83 教研室研究项目很多，各个毕业生基本上花半年多时间做科研实验、写论文。每次到学生毕业答辩会，都似乎是一次盛会，各人都拿着自己的成果，有理论依据，有实验成果，有专业内容进行分析比较，充满信心地宣读，大家对自己的工作贡献，都激动不已。有些学生真情地说：“老师我真想再做一次学生，真不想马上毕业。”

回顾过往，我是一个幸运者，又是一位幸存者。抗战时期，遭日本鬼子狂轰滥炸，眼看炸弹落下躲过一难；坐船逃难时得了痢疾濒临死亡，父母不在身边，好心阿姨给我一个中药偏方，我居然起死回生。工作后，有两次为帮助同事做实验，发生雷管爆炸，负了伤，躲过一难。但回想起来，每次都没有在心里留下阴影和恐惧。青少年时期，国难当头，父亲病重，仍然坚持送我上学，要我立志做一个自食其力的女子，应当自立不能依靠。幸运的是高中毕业，毛主席和党给青年指引了光明前途，得到了共和国的精心培养，成为一个有知识、有理想、有正确价值观、有社会担当的新中国建设者，一个合格的大学教师。我特别要肯定的是我 1955 年工作后的连续幸运。

（1）我被分配到一个有卓越学术带头人的教研室团队。带头人丁敬老师，一位

83 专业领路人，他的学术特点在于对专业始终有远大的前瞻性，所以永不止步。他又有深度钻研学习的习惯，与大家一起切磋，能看到每一位同志的长处，并及时给予鼓励和肯定，使人更有信心继续往前。每次会议都有强烈的学术气氛，使人总在思考问题，交流心得。在这样的团队中，感到自己总在进步。

（2）一个作风正派、不虚浮、不谋个人私利、不搞是非的党组织。大家都实事求是、虚心地与同志们一起奋进。

（3）一个好学钻研的优秀团队。每位同志都倾心钻研自己那份任务。如果彼此有事要帮助或咨询，毫不吝啬，热情备至，也不讲名利。

（4）一个敢于向困难任务挑战的集体。① 如实验室建成、“032 工程”项目突破、与核工业项目接轨，大大提高了我们专业的知名度，为国家科研做出重大贡献，也培养了一支高质量的学生队伍。② 1989—1991 年接受兵器部对国外留学生培训某产品任务，全部用英语教学，历时一年半，有讲课，有实验，有实习，有毕业设计，样样俱全。说实话，这样真刀真枪用英语授课对自己也是一个大的锻炼。当时我们把这个硬任务接下来，边准备，边干，夜以继日，没有假期，我曾经一周 4 节课编写英语教材，准备讲课口语，答疑，总是晚上两点才睡，早上为了上课，6 点醒了再备课。我们这个团队一点没有退缩，顺利完成任务，受到外国留学生的好评。后来他们都用中文打招呼：“陈老师，你好……”。

（5）我们专业总有一批钻研好学、脚踏实地的学生。这些学生经过专业的学习熏陶，热爱专业有担当，有强烈的责任感，与老师既是师生又是朋友，和谐相处，在各个老师科研论文中都有他们不可磨灭的贡献。在我的项目鉴定中，当然写下他们的名字。从 1977 级开始，1979 级、1981 级、1983 级、1985 级，他们都成为工作骨干或引领人。

（6）2010 年，学校下达书写专业史的任务，因为我已是本专业最早工作的人，我义不容辞与同志们一起认真书写我们为本专业建设留下的足迹。2015 年，我们一共写了 15 章，已脱稿，参加此项工作的同志有陈熙荣、张鹏程、张锦云、黄正平、赵衡阳、张汉萍等老同志。

是共产党和毛主席拯救了灾难深重的旧中国，建立了扬眉吐气的新中国，我们祖国现在日益强大，屹立于世界之林。我们虽然已步入老年，但我们仍然以不可停歇的步伐为党的事业、为国家建设继续发光发热，做贡献。

人的一辈子都在学习，为了担当更需要学习。从小父母培养你，期望你学习，成为一个自食其力的人，一个不依赖他人的人；你听父母的话，去上学，而且喜欢上学，喜欢在知识天地寻找自己的快乐，不辜负父母辛劳与期待，形成了学习的好习惯。接受到党的教育后，学习态度进一步端正，学习不仅是为个人，而是为了革命事业。为了新中国的建设事业，有了明确的责任担当。热爱自己从事的专业，紧

跟党的召唤，不仅在当学生时努力学好，而且工作后不停地学好，为了强国梦，始终不能停歇。

作者简介：陈熙荣，1932 年 6 月生，湖北黄陂人。原机电学院教授。1950 年考入华北大学工学院；1955 年毕业留校。曾讲授多门课程，参加多项科研获奖。在兵工学报、弹箭学报、火炸药杂志等学术刊物发表多篇论文，主编多部专业书籍；曾任《兵工学报》编委、校图书馆委员等职。

一个调干生的大学生涯
——四年大学生，四十年大学教师

张国威

“调干生”这个词，对于当代年轻人来说，很陌生，它是爷爷辈那个时代大学生中一个特殊群体的称呼。20世纪50年代，为加速培养干部，办了一批工农速成中学，选调小学文化的工农兵，用三四年时间，补学中学课程，送大学深造，或从在职干部中选送参加高考，当年，称这些大学生为调干生。

1954年前的一名团干部

中华人民共和国成立不久，中央在武汉市设立中南分局，管辖中南六省二市工作，建立中南军政委员会，实行军事管制。

1950年年初，我上完高一，因家庭经济困难而辍学，进入中南百货总公司做一名统计员，不久加入共青团。当时，心中疑惑：为什么用小米加步枪能打败飞机加大炮？因此，报名参加广西桂东土改，那年17岁，是土改队年龄最小的队员，特编在副队长刘铭经小组。

桂林集训时部分队员合影

前排右第1人是作者，后排右第2人是刘铭经

刘铭经，山东大汉，共产党员，南下干部。工作队入村不久，为抓捕匪首刘顺仔，深夜，他只身踢门入室，摁住刘匪，勇敢机智，为大家树立了榜样。

土改的基础工作是访贫问苦，为避人耳目，必须晚上进行。本有规定：夜间出门，须两人同行。可任务紧，人员少，因此，我们8个人，只好各自为战。桂东地区，丘陵地貌，夜间漆黑，走在山林里，对人的胆量是极大考验。

广西土地贫瘠，农民生活很苦，衣不遮体，以薯藤、瓜菜充饥。土改，就是为解放他们，使他们不再受剥削、受压迫。刘队长既是队领导，也是我们的兄长，对我们关怀备至。我也严格要求自己，事事走在前头，常得到他的帮助和鼓励。

土改回来，队长王守文，也是中南贸易部团委的书记，他把我从百货总公司调到中南贸易部，在团委工作。两年后，我被推荐上调中南财经委团委，任宣传部部长。财经委下设贸易部、财政部等部局，贸易部管辖百货、花纱布、粮食等十大总公司，有员工上万人。财经委团委是中南直属机关团委中最大的团委，有团员近两千人。第一次召开宣传委员会，我有些忐忑，王书记看出来了，他亲自到会，对与会者说："别看他比你们年纪小，要支持他的工作。"我倍感亲切关怀，也增强了做好工作的信心。

经三年恢复国民经济等措施，中南六省二市社会生活日趋稳定。1954年夏，中央认为，军管任务已完成，计划撤销中南局。因此，"直属机关干部将去向何处？"成为萦绕在每个干部心中的问题。

土改，改变了我，由一名只觉得解放军好的青年，到认识到共产党是为劳苦大众的，下决心跟共产党走。1953年，我20岁时，加入了中国共产党，我的人生观得以确立。而中南局的撤销，又将改变我的人生轨迹，我将走向哪里？

1954年成了一名调干生

1954年，国家开始制订第一个五年计划；教育战线提出"培养红色工程师"的口号。青年人纷纷报考大学。我考虑到自己仅有两年初中、一年高中学历，就没敢向此方向想。

那年，武汉闹特大洪水，我随团委书记在汉阳前线带领团员青年抗洪灾。一天，接到指令，命我速回机关。一回来，孙书记向我宣布："组织决定，你马上放下工作，四十天后参加高考。"我有所犹豫，但接受了任务，全力以赴，投入备考！

中南局机关上上下下对此都很重视。给每人发了全套课本、文具用品；聘请武大、华师的老师上辅导课；派专车接送，辟阅览室作复习用；开小灶改善伙食，享受许多特殊照顾。

当年，大学录取新生是登报公布。那一天，报纸一来，整个机关沸腾了；每个办公室都在寻找被录取者，发现一个，发出一片欢呼声。财委机关有 4 人被录取。欢送会上，挂有“欢送未来的红色工程师”标语，此情此景，历历在目，一生难忘！从此，“做红色工程师”的梦深深植入我心！ 1954 年 8 月，我离开武汉，上北京报到，变成一名理工科大学的调干生。

大一时的调干生班

20 世纪 50 年代，学校辗转从延安迁到北京，在中法大学原址——东黄城根，挂出了北京工业学院校牌。当时学校仅有机械、仪器和化工等四个系、九个专业。仪器系有 8 专业（光学仪器）和 9 专业（雷达）。8 专业有 1951 级、1952 级和 1953 级，三个班不到百人。可当时的 1954 级，一个年级就招了 150 人，编成 8541、8542 和 8543 三个班。

这在北工历史上是头一回，可谓是一个里程碑。原中法大学的校址容不下这么多人。这样，1954 级新生只好到新校址——车道沟报到，在新建好的教学楼上课。

上了一周课，调干生就反映，讲课听不懂，笔记记不下。学校及时把一百多调干生编成 0541、0542、0543 和 0544 四个调干生班，选派优秀教师为他们上课。

大学一年级的课程，多数人觉得数学、画法几何和制图难学，费时间。可我正相反，从小爱数学，中小学数学名列前茅，而文科则较差。当年，因时局和家境，常辍学、转学，多次跳级。可数学成绩仍保持优秀。工作的历练，使我学会安排时间，全面发展。

1956 年获三好奖章

1955 年夏，全部 1954 级新生迁往新校址巴沟，在南门 1 号楼上课。调干生各回各班，调干生班从此解散，0 字头班号成为历史。这年，仪器系增设了 12 专业（指挥仪），组建 12541 班。这时，8 专业、12 专业共有党员 16 人（调干生 13 人，普通同学 3 人），成立一个党支部，选我为支部书记。

北京工业学院 1955 三好奖章

二年级，我的学习上了一层楼，全部课程优良，主要课程优秀。这年的数学课由刘颖老师主讲。期末考试有一论证题，老师的解法与书本的解法不同。考场上，两种解法我都记不起了，我用另一方法独立解出，可助教判我的成绩为良。我要求复审，结果，改正为优秀，获得刘老师鼓励。社会

工作，常获总支表扬，被聘为1954级辅导员，成为总支委员。体育锻炼，除坚持晨练，我爱好体操，常练习单双杠。1956年夏，学校举办首届“三好学生”评选，我获得北京工业学院1955“三好奖章”。后由于多种原因，评选“三好奖章”中断。因此这枚奖章，成了北工历史上的唯一，值得珍藏！

1958年提前调出任教

1958年（四年级），为加强学生工作，学校欲把部分辅导员改为半脱产。这意味着要多读一年，6年才能完成5年制的学业。当时，半脱产是义工，没报酬，但承诺可优先留校。我因有做工程师的情结，不愿留校，可还是服从了。那年，班上同学都下厂毕业实习，唯我一人留校工作。

暑假前的安排，学6年后毕业；暑假一过，计划有变，要上新专业，从1954级调20人。系里拟了个名单，征求我意见；见上面有我，我提出异议，表示不愿留校，想去做工程师。这20人名单批下来了，没有我，我放心了！可书记找我谈话，说：“学校决定留下你筹建新专业，这是党的任务，望你服从需要。”这样，完成5年制学业的愿望又告吹了，而原来8专业1954级计划留20人，却变成了留下21人。

我这个只念了5年小学、2年初中、9年高中，3.5年大学的学生，成了一名大学教师！更值得庆幸的是，我的弟弟在1955年也考取北京航空学院，后分到哈尔滨军事工程学院工作。

一个贫穷的四口之家，培养出了两名大学生，而且都是国防大学的教师，我父母对此深感荣耀！

40年大学教师的作为（1959—1997）

自1958年留校，到1997年真正退休，除去干校劳动，有效工作时间也就30年，就做了一件事：创建一个新专业。1959年，在无教材、无实验室、无老教师指导的条件下，带领5个26～27岁同龄人，创建光学导引专业，培养出我国发展红外光学导引的第一批骨干，他们中有所长，有室主任，有高工。我国的各类光学制导的霹雳型导弹多有他们的奉献。“文化大革命”后，因体制原因，光学导引专业下马，遂改建为激光技术专业，为军用激光技术的应用输送了一批技术骨干；还研制成我国第一台炮兵激光测距机。1979年，改革开放，我走出国门，留学德国，两年后，引入可调谐激光新技术，完成两项重点基金研究，培养10名研究生，出版专著《可调谐激光技术》，使这项新技术落地生根。

回眸这几十年，主要体会是：个人的前途与祖国需要密切相关，应顺势而为，服从国家需要，脚踏实地，认真做事。

我的第一步——参加土改，就顺应了解放生产力、发展经济的大势。由此也确立了我的人生方向。毕业前夕，克服犹豫，服从国家需要，留校任教，从而走上了向科学进军的征途。

既然选择了，就要踏踏实实、认真地去完成！

作者简介：张国威，1933 年生，浙江定海人，原光电学院教授，中共党员。

1950 年参加工作，曾任中南财经委团委宣传部部长。1954 年到北京工业学院光学仪器专业学习；1958 年毕业，留校任教。1959 年创建光学导引新专业，1972 年改激光技术专业，任该专业教研室主任。

1979 年留学德国，在柏林工业大学光学研究所研究可调谐激光。1981 年回国，两项可调谐激光技术科研成果获王大珩院士“国内领先，国际先进”鉴定认可。曾任中国兵工学会激光专业委员会副主任委员。

现任中国光学学会、中国兵工学会、国际光学工程学会（SPIE）、德国量子光学学会、中华诗词学会的会员。

我的大学生活

刘继华

我出生于一个远离城市的乡村，那里至今仍是一个不发达的地方，祖祖辈辈种地为生。抗日战争胜利后我有幸上了一所“洋学堂”，一所中心国民小学，十里八乡独此一家。1950 年春，我以备取生的资格考上了县中（初中）。1953 年夏，国家执行秋季全国统一招生，我提前半年考了高中，就读于湖南省衡阳市第一中学，它是一所省重点中学。当时学校全面推行学习苏联的教学体制，实行优、良、及格、不及格四级计分制，开设俄文课，教师是从苏联请来的。由于我学习较努力，成绩全部在优良水平，故从高二起，每学期都被评为学校的“优等生”，这在当时一个班只有 2～3 名。

1955 年上学期是我高中生活最后一学期，大家为考上大学而紧张学习。3 月的一天，我们校长召集了我们年级 4 位同学开会，宣布我们这些人经过湖南省公安厅和衡阳市公安局联合审查，符合报考留苏预备生的要求，同时组织我们在业余时间学习党课。当时学校还没有党组织，只有校长一人是党员，学习就在校长办公室。经过了两个多月的学习，我们学习了党章、刘少奇同志的“论共产党员修养”和江西省委宣传部编写的“共产党员的八条标准”。经过两个多月的学习，我们递交了入党申请书，经衡阳市文教党总支组织讨论，在 6 月份获得批准。这是我人生的大转折，从此决心为党的事业奋斗一辈子。

报考大学填志愿，我想将来当一名医生，当一名工程师……为祖国的建设服务。但学校告诉我，第一志愿和第二志愿不用填，因为第一志愿是留苏，第二志愿在未被留苏录取时就是北京工业学院或北京航空学院。这两所学校有些神秘，在全国招生指导手册上没有专业介绍，下面只有“特种工业”几个字。最终我被北京工业学院录取。

1955 年 8 月底我才收到北京工业学院的录取通知，由于时间紧，第二天我就和北航的一个同学一起赴京了。考上大学在我们周围是破天荒第一个。全村人出来放鞭炮把我送走。我当时用扁担挑着我的行李：一头是用包袱包着的衣服，一头是用绳子捆着的被子。经过徒步、汽车、小汽轮、火车三天两夜到达了北京前门火车站。学校在火车站广场设有新生接待站。街道古朴整洁，在当时还没有高楼大厦。

到了车道沟，眼前出现了一栋宏伟高大的红楼，房子的墙是红砖砌的，瓦也是红的，我第一次看到这么高大的房子，这就是“大学”吗？这个楼称为延安大楼，我们就住在这里。

我被分配在炸药专业，代号 6 专业，即 6551 班。可能是学校看了我高中时化学成绩较突出的缘故。我干什么都行，服从分配。虽然知道炸药是个危险专业，但国家需要就是我的意愿，虽然我们班有个别同学怕危险而退了学，但我毫不动摇，要为我国的炸药事业奋斗一生。

大学的伙食很好。当时国家刚从战后恢复过来，抗美援朝刚结束，经济上还很困难。为了照顾大学生的身体，经邓小平同志批准，将大学生的伙食费从 9.5 元 / 月提高到 12.5 元 / 月。大部分同学都有助学金，一等助学金 16.5 元 / 月，这其中有 4 元的零花钱；二等 14.5 元 / 月，三等 12.5 元 / 月。我是三等，等于吃饭不用花钱。要知道，当时一个工人工资才二十几元，大学的助教在北京也只有 56 元 / 月，可见当时国家对大学生的照顾。

我们学校的专业是学习苏联建立的，聘有苏联专家组。大学本科五年，基础课的课时、教学大纲都由苏联专家指导订立，教材是从苏联的高等学校教材翻译过来的。如化工系的《无机化学》是涅克拉索夫编的，而其他工科专业的《普通化学》是格林卡编的，两者内容的深度和广度差异较大。苏联专家组指导我们学校的各项工作。我们在约三年的基础课的学习中，学到了化学工程本科专业具备的基础知识。基础课程中强调了实践动手能力，我们的实验课课时几乎和理论课时达到 1∶1，有的更高，如分析化学实验课时更长。这为培养我们的动手能力和科学精神打下了良好的基础，为我们人生的起步起了奠基的作用。

1959 年，我校成立了导弹系，与之配套成立了固体推进剂专业，设立 62551 班。我被调到固体推进剂专业。我们班是从化工系 1955 级各班抽调组成的，老师一部分是从化工系各教研室抽调来的，一部分是从 1954 级的部分优秀学生中抽调的，组成了新的专业教研室，即 62 教研室。老师们先听苏联专家讲课，再给我们讲课，他们将专家讲稿组织翻译成我们的教材，这对于我们系统学习专业知识起到了很好的作用。当时设有火箭发动机原理、固体推进剂的物理化学性能、固体推进剂的工艺制造等课，我们从无到有基本学到了固体推进剂专业所具备的专业知识。

1958 年，我们学校相继成立了数十个专业和研究所。我们在教师的指导下也参加了各项研究工作。我也参加了一些固体推进剂的研究，如为型号“265”（一种线控的反坦克导弹）所用的橡胶推进剂，所用橡胶有天然橡胶和各种合成橡胶，氧化剂为高氯酸铵、高氯酸钾、硝铵等。在研制过程中，由于对一些科学性和安全性认识不足，常发生一些事故，如我们的一个同学对一些氧化剂的感度不甚了解，在研磨中发生了爆炸而付出了 2 节手指的血的代价。但这未影响我们对科研的热情，谁

也未因这次事故而退缩。

1958 年，当时化工系的第一个科研成果是由荣子兴教授领导的科研组制出的间苯三酚。它就是用于制晒蓝图的显影剂，当时我们国家还不能生产，需要进口。在研制成功后，系里马上进行中试。生产它的原料主要是炸药 TNT。工业 TNT 是小块状，生产间苯三酚时需要细粉状的，系里组织我们同学研磨 TNT。TNT 是一种烈性炸药，不能直接机械粉碎，当时比较安全的方法是将 TNT 放到制图板上用方形硬木块在板上研磨。TNT 块很硬，研磨后过筛，效率不高，半天也磨不到两三公斤细粉。TNT 毒性较大，研磨时必须戴口罩，就是戴两层口罩嘴里也非常苦。人很累不想吃饭，但我们仍非常高兴，为参加这一工作而感到光荣。为了扩大生产，后由徐更光老师组织在西山建厂生产。

当时，我们学校由四系牵头组织研制我国第一台天象仪，要进行大量的计算，学校就组织几十个学生手工分组分段进行计算。当时的计算工具，还没有计算机，只能用算盘和笔，当时最先进的计算工具就是计算尺，还有对数表。我们硬是用人海战术将我国第一台天象仪研制出来了，质量不亚于德国蔡司厂生产的同类产品。当时我国现代计算机的研制工作刚刚开始，据说原件是电子管的，体积庞大，要装好几个房子，还有一个冷却系统。

我校开展单晶硅的研究，并制出了高纯度的单晶硅。当时由一系牵头研制的我国第一个探空火箭（代号 505）成功发射升空。由五系研制的我国第一台电视发射台，第一次在主楼顶上向北京上空发射，是当时的 1 频道。

1958—1960 年，我校建成了导弹系统的完整专业，从总体设计到动力推进系统都很完整。我们的固体推进剂专业也开展了双基推进剂、复合推进剂、改性双基推进剂和复合改性双基推进剂的研究。能成为我国第一届固体推进剂专业的毕业生，我感到光荣和自豪。

为了支援我国“两弹一星”的研究，我们年级许多同学四年级就被分配到 0038 部队（它就是后来的第五设计院）去工作，还有一批同学去了大西北从事原子弹的研究。

从 1958 年起，我校在魏思文院长的领导下从事了全面而系统的专业建设，为后来我校的发展和提高奠定了基础。

我们的大学阶段对锻炼身体非常重视，我们每天要出早操。当时，我们学校的同学创造了 400 米的北京市纪录，10 公里竞走的全国纪录。1956 年，我校获得了北京市高校男子足球冠军，由此掀起了我校的足球热。每天下午第六节课后，各班同学都跑向操场占地踢球。组与组之间、班与班之间、系与系之间都开展友谊赛，场上漫天尘土，同学们玩得热情不减。学校还有体育馆供同学们体操训练和打乒乓球。我们学校的体操队当时在北京高校也是名列前茅。我们学校三系有个摩托车俱乐部，这在高校是独一无二的。他们常邀八一摩托队来我校表演，大家好不羡慕。

这里顺便说一下，我们现在都八十多岁了，大多数还健在，这应该与我们当年经常坚持锻炼不无关系。

1960 年本科毕业后，我继续留在固体推进剂研究室读研究生。当时是根据本科的成绩免试推荐的。研究生学习期间进一步拓展和深入专业的知识和技能。研究生毕业论文获同行专家的好评。研究生毕业后继续留校参加固体推进剂的研究工作，为“09-2”工程做了预研工作，和同事们一起将改性双基推进的能量比冲提高到 250 秒的水平。

1979 年调至教学岗位，仍从事这方面的教学和研究。我热爱这个专业，直至退休都未改变这个研究方向。

作者简介：刘继华，1936 年 8 月生，湖南省常宁市人，原材料学院教授。1951 年 5 月加入社会主义青年团（后改名共产主义青年团），1955 年 6 月加入中国共产党。1955 年秋考入北京工业学院；1960 年本科毕业后续读研究生；1964 年研究生毕业后留校任教，先后担任火药实验室主任、火药教研室副主任、高分子材料教研室主任等职。从事改性和复合改性高能双基推进剂、缓燃推进剂等的研究，主讲火药物理化学性能、火药学等课程。主要著作有《火药物理化学性能》。

青春无悔，今生无悔

刘蕴陶

耄耋之年，欣逢盛世，祖国繁荣昌盛，人民生活幸福。回首往事，心潮澎湃，无比激动。几十年风雨兼程，几十年砥砺奋进，我最深的体会就是，我们个人所从事的工作很平凡，个人的能力很有限，但是只要我们把自己的理想和国家的命运结合在一起，把自己的理想融入祖国宏伟、壮丽的社会主义事业中，时刻把国家和人民的需要作为自己的志愿，并为之献出全部智慧和力量，那么，我们就没有虚度此生。我们每个人都如同一滴小小的水珠，只有融入大海才能永不干涸，祖国就是那浩瀚无边的大海。

我想从我生命中的两个重要节点说起。

1956 年暑假，我高中毕业，那时我即将年满 18 岁。选择什么样的志愿、报考哪所大学？问题摆在了我的面前。按照我的兴趣和特长，应该选择文科。小学时就不说了，上了中学，我就参加了学校的通讯组，为报社、广播电台写稿，报道学校的活动，我写的通讯和文章，也不时地见于报端。当时与北京日报的资深编辑诸友琼、王素心老师，中国青年报的谢昌逵主任等都有较多的交往。记得高中毕业时，王素心老师还说过，到我们报社来工作吧！按说报考文科是顺理成章的事。但是，1956 年正是我国实施第一个五年计划时期，神州大地掀起了社会主义建设高潮。同时，党和国家也向广大青年发出了“向科学进军”的号召。面对轰轰烈烈、热火朝天的建设局面，我激情满怀、热血沸腾，恨不能马上投身到社会主义建设事业中去，响应党的号召，为这个伟大的事业贡献自己的青春和力量，于是我确定将理工科作为自己的高考志愿。这之后，班主任纪强老师找我谈话，建议我报考北京工业学院，并告诉我，这是一所国防工业院校。为了让我们更多地了解北京工业学院，学校又邀请了我们中学（北京师大附中）的校友、当时就读北京工业学院的学长来校向我们详细介绍情况，并回答我们提出的问题，记得有万春熙、张素澄等学长。通过交流，我们知道了北京工业学院是一所有着光荣革命传统的院校，她诞生在革命圣地延安，是我们党创建的第一所理工科大学。特别是北京工业学院肩负着培养国防建设人才的光荣任务，是培养“红色国防工程师的摇篮”。能进入这样一所院校学习，将来为祖国的国防建设、为保卫祖国献身，这是何等光荣的事业啊！

我想，这就是党的号召、祖国的需要，于是我义无反顾地在高考报名表上写下，第一志愿：北京工业学院。就这样，我走进了北京工业学院这个革命大家庭，投入了这个大熔炉，百炼成钢。

1959年暑假后，我们升入了大学四年级。我记得很清楚，是10月16日，要上晚自习了，系里通知我们十几个同学到系办公室开会。什么事？系党总支张老师开宗明义，头一句话就是："从今天开始，你们就是学校的老师了。"啊？这是怎么一回事？事情来得太突然，我都有点蒙了。原来，根据学校的发展，急需较多的新人补充基础课、技术基础课教师队伍。等待国家分配，短时间很难满足要求。因此，校领导决定，从目前的四年级学生中提前调出一批人，培养成为基础课、技术基础课教师，这就是后来所称的"拔青苗"。就这样，我们不仅要中断自己正常的大学学习，一夜之间由学生成为教师，而且，当场被分配到当时的电工教研室。说实在的，面对这个人生的重大转折，我很快便静下心来，也再没多想什么，第二天，就到电工教研室报到了。

为什么？因为我们从小受到的教育就是，祖国的需要就是我们的志愿，这也是我们心中坚定不移的信念。像雷锋所说的，在祖国社会主义建设这壮丽的事业中，做一颗永不生锈的螺丝钉。不仅仅是我，据我了解，当时与我一样提前调出的上百名同学都根据工作需要，愉快地完成了这次重要的角色转换。

做教师，教书育人，就要做一个合格的人民教师。我自知自己底子薄、基础差，"先天不足"。怎么办？唯有努力，刻苦学习，勤能补拙。从开始工作的那一天起，我就把"追求完美、追求卓越"作为努力方向。我知道不可能达到这一境界，但是我始终把这作为奋斗目标。于是根据教学工作的需要，缺什么，就学什么、补什么，即使在三年经济困难时期，物资匮乏，供应短缺，身体虚弱，也不敢丝毫懈怠。改革开放打开了国门，面对世界科技的飞速发展，面对日新月异的新知识、新技术，真有"洞中方七日，世上已千年"的感觉。就教学内容来说，国外早就更新换代了，以电子电路来说，我们还以电子管电路为主，现在人家已经跳过了分立元件电路，进入了小规模、中规模，甚至大规模集成电路。于是我们又开始了新一轮的学习征程，通过各种方式，自己开讲座，走出校门听专家讲课，……，如饥似渴地学习，补充新知识、新技术，满足与时俱进的教学要求。此外，在将近60岁的时候，在零基础的条件下，自学电脑，并掌握了Word、PPT、Multisim仿真技术等。同时在教研室工作中，全体同志锐意改革，积极进取，特别是在实验改革、培养学生动手能力方面办出了特色，我们的电工学被评为学校的首批"一类课"之一，我们的教改成果获得了市级教学成果一等奖等多项奖项。

时代在前进，时代不同了，对青年一代的要求也不完全一样了，但是，国家的需要，人民的利益，永远是第一位的。如今实现中华民族伟大复兴中国梦的重任落在了年轻一代的肩上。习近平总书记指出："建成社会主义现代化强国，实现中华

民族伟大复兴，是一场接力跑，我们要一棒接着一棒跑下去，每一代人都要为下一代人跑出一个好成绩。”这是奋斗的号角，也是对年轻一代的殷切期望和号召，让我们不忘初心，不辱使命，坚持理想信念，为这个空前伟大、壮丽的事业贡献出全部力量。

作者简介：刘蕴陶，1938 年 7 月生，北京市人，原信息与电子学院教授。1956 年进入北京工业学院学习，1959 年留校任教。长期从事技术基础课教学，享受政府特殊津贴。曾任教育部工科本科电工课程指导委员会委员、中国高校电工学研究会副理事长、北京市高校电工学研究会理事长等职务。曾任中央广播电视大学“电工学”主讲教师。曾获北京市教学成果一等奖。

大学生活的回忆与感悟

范琼英

1955年8月，我考入北京工业学院化工系学习，1960年8月毕业留校工作。在五年的大学生活中，除了尽力学习外，我还做了一些为大家服务的社会工作。我是生在旧社会，长在红旗下。中华人民共和国成立前，给我留下的深刻记忆就是老百姓的生活艰难困苦，缺衣少食。不要说上大学，就连上小学都不容易。我是经历过这些苦难的。我上小学时，每个学期要交几斤大米的学费父母都拿不出来，还要依靠亲戚的帮助。中华人民共和国成立后，我上中学、大学全是依靠人民助学金。

来到北京工业学院，我们大学一年级的学生都集中住在车道沟校区。学习的课程是基础课。我记得我们学习的机械制图的大型作业，是安排在延安大楼顶层的制图室绘图，班上同学不少人都在星期六晚上和星期天加班绘图，有时绘到深夜。又如我们的化学实验课，是在巴沟校区（即现在校址）。我们要从车道沟校区后门走田埂，穿过庄稼地走到巴沟校区。冬天很冷，同学们都坚持去做实验。我作为一个从最南方到北方上学的青年人，不习惯北京这样寒冷的冬天，稍不注意就感冒发烧。1955—1956年的两个冬天，我都发烧至40℃，住进了校医室隔离间，在学校医务人员和同学们的关照下，我度过了寒冷的冬季。虽说气候问题短期难以适应，但也得努力去克服。至于学习问题，从中学到大学，学习的内容和方法都有了很大的变化。中学学的是基础知识，大学学的基础课根据所学专业各有不同。譬如化工专业的基础课包括无机化学、有机化学、物理化学等六七门课程。此外，我们化工系的学生还要学习相关的公共基础课，例如高等数学、物理学、理论力学、材料力学、外语（当时是学俄语）等课程。基础课和专业基础课就学了三年的时间。课程多，时间紧、任务重，很少有机会去校外自由活动。到了大学四年级，我们开始做课程设计，在老师的指导下，多是先到有关工厂实习，后回学校做课程设计。五年级，专业教研室老师根据学生的情况安排做毕业设计或毕业论文，先是到对口的专业工厂实习，之后做毕业设计或论文。

1958年，我院以魏思文院长为首的院领导，决定在院内相关的系和工厂大搞科研，向党中央和中央军委“八一献礼”。当时我们化工系三个专业的三年级学生，在系领导和专业教研室的安排下，分别参加了不同的科研项目，主要从事

“505”“265”等与本专业结合的子课题研究，这为我们后来做毕业设计打下基础。我的毕业设计就是“505”的子课题。

回忆过往，大学生活距离现在虽已久远，但当时的情景还历历在目。我深知我们上大学的那个年代，正是新中国百废待兴之时。大家都知道上大学来之不易，因而加倍努力。当时学校领导为了让学生好好学习，校园环境和生活条件尽量做到使大家满意。我们已很知足，没有更多要求。在我们毕业分配时，我们班有一半左右的同学被提前分配到部队工作。当时我也要求去部队，系领导没有批准，后来留在学校工作直至退休。

我们目睹全国人民在中国共产党和中央人民政府的领导下，经过几十年的艰苦奋斗，已经取得了很大的成就。尤其是改革开放40年以来，我们的国家巨变，现在已成为世界上的第二大经济体，人民的生活水平、文化水平和教育水平不断提高。然而新的时代对青年人赋予更高的要求，作为现代青年大学生应该勇于担当。早在1957年毛泽东主席就教导我们青年学生：“世界是你们的，也是我们的，但是归根结底是你们的。你们青年人朝气蓬勃，正在兴旺时期，好像早晨八九点钟的太阳。希望寄托在你们身上，中国的前途是你们的，世界的前途是你们的。”我们这一代大学生当时正值青春年华，听到毛主席的教诲很受鼓舞，我们一定要努力学好本领，把学到的知识和技能奉献社会。

我作为前辈，希望当代大学生适应新时代的要求，应具有远大的理想和抱负，严于自律，不能随波逐流，立志成为德智体美劳全面发展的人才。大学毕业后报效祖国，不要辜负党和国家对自己的培养以及家庭对自己殷切的期望。我校的老校长徐特立曾经教导我们，要实事求是，不要自以为是。北京理工大学的校训是“德以明理，学以精工”。这些训导为大学生树立正确的价值观、世界观、人生观指明了方向。

现代大学生应该怎样实现自己的理想和抱负？我作为一名老共产党员和老教师，结合个人的成长经历，说些自己的感想和体会。

首先，希望当代大学生成为德才兼备的人。德指道德，是人们共同生活及其行为的准则、规范。才是指人的能力。大学生首要任务是学习，要按照教学计划学好各门课程。现在的学习，是为了以后工作打基础，如果没有基础，或者基础不牢，就不能更好地工作。我们学校是以理工科为主的大学，下属的院、系很多，有许多交叉学科，在学好教学计划的课程基础上，可以结合自己的条件，选修一些有关理、工、管、文方面的课程，扩大知识面，提高业务水平。

其次，在条件允许的情况下，积极参加相关的科学研究。教学与科研是相辅相成的。1958年我们还是三年级的学生，院、系领导决定让我们参加科研工作，在系和专业统一安排下，我们化工系三个专业的大学生，分别参加了学校的“505”“265”等科研课题，在老师指导下先后开展科研活动。当时我们是边上课边参加科研工作，还要到工厂实习，这为我们后来做毕业设计和论文奠定了基础。实践证明，教学与科研结合会优势互补并提高教学质量。据了解，近年来我校的科研项目较多，科研成果显著，这是来之不易的。更需要处理好教学和科研的结合，以及解决好科研成果转化为现实生产力的问题。目前社会上有些部门和单位倡导大学生毕业后就业、创业，创业就要创新，这应引起大学生的重视。

再次，大学生要坚持体育锻炼。即便学习很忙，每天都应安排时间进行体育运动。现在我们的校区（包括主校区和分校区）体育设施完备，加上建有体育馆，一年四季都能进行体育运动。要懂得只有身体健康，才能就业和创业。为了有一个好身体，就要加强锻炼。

最后，建议大学生在学校学习期间，根据自己的条件，适当做一些社会工作。例如党、团支部工作，班委会工作、学生会工作，以及一些社团的工作等。大学生是有能力承担相关的社会工作的，不少人还是志愿者。大学生在校学习阶段，利用业余时间为大家做些服务性工作，这些工作既能为大家服务，又能提高自己的工作能力。

作者简介：范琼英，1936 年 9 月生，广西南宁人，原管理与经济学院研究员。1955 年考入北京工业学院化工系，1960 年毕业留校工作。先后在校党委政研室、校科研处、校科技管理研究中心从事管理和研究工作，承担完成了国家有关部委及国家自然科学基金委管理科学部课题研究和相关著作翻译任务等。

大学生活的美好回忆

高鲁山

我是1956年进入大学的。由于我家是穷山村的贫困户，父母本来要我为家挣工分，养家糊口，我是家中的长子，责无旁贷。高中毕业前，学校动员和号召我们考大学建设新中国。后来，有一位北京来的老师，到我们班挑选了几个学生，动员报考北京工业学院，为国家培养国防工业工程师，家庭经济困难的会有助学金。甚至老师还找到我父亲，希望他送孩子上学深造，将来为国家建设、为国防服务。我家本来就是翻身户，对党和政府有报恩的思想。这样，我怀着为做一名国防工业工程师的想法进入了北京工业学院。五年的大学生活形成了我的人生观。下述的几件事，是我在大学期间印象最深的，也是对我一生影响最大的真实故事，愿与当代大学生共勉。

第一件事：刚进大学的第一个学期，学校安排了一次报告会。主讲人是军工专家，当时的机械部一所所长吴运铎同志。由于我在此之前读过苏联小说《钢铁是怎样炼成的》和吴运铎的《把一切献给党》，对吴运铎同志很崇拜，所以听得很入神。吴运铎同志是矿工的儿子，自小当童工并且喜爱上了矿山机器，常钻研机械零件，还亲手修理安装机器。后来参加了新四军的军械修理所，开始了他的军工生涯。

战争年代，他先后辗转抗日和解放战场，身上留下了100多处伤口。吴运铎同志身负重伤有三次。一次是在修理旧炮弹时，雷管在他手中爆炸，炸断了4根手指，左腿膝盖被掀开，左眼失明，昏迷了15天才醒过来。又一次是1947年在大连实验场检查哑弹时，左手腕被炸，右膝盖炸去一半，右眼中残留的弹片取不出来，又几乎失明。每次进行危险操作时，他都让别人远离到安全处，自己不顾生命危险去排险。

吴运铎同志喜爱读书，一生坚持学习，刻苦钻研，后来成了一名军工专家。他年逾半百还攻读高等数学，躺在病床上计算、设计、绘图，改进了平射炮，发明了多管炮等数种枪炮。他为我军创建了一个个的兵工厂，他先后在苏北、淮南、沂蒙山和大连的弹厂、炮厂、引信厂做过技术员，当过厂长。他的一生与我军的枪炮制造和发展史一起走过。

他因重病不能上前线，在病榻上，以惊人的毅力写出了自传体小说《把一切献给党》。他的英雄事迹和忘我的奉献精神，鼓舞和带出了一大批英雄，教育和影响了几代人。他喜欢读《钢铁是怎样炼成的》，1949 年党送吴运铎同志到苏联治眼病，《钢铁是怎样炼成的》作者奥斯特洛夫斯基专门前来看他，称吴运铎同志是中国的“保尔•柯察金”。

吴运铎同志那一代人，给我们留下的是什么？留下的是胜利、学习工作条件和幸福的生活。他们那种舍生忘死的精神从何而来？他的回答是“信仰”，把一切献给党，为国家为人民。这才是我们应当坚守和珍惜的。当时我作为一个刚进入军工院校的大学生，吴运铎的英雄事迹和精神深深地激励着自己，使我更坚定了做一名军工战士，为祖国的国防事业奋斗一生的理想。

第二件事：1958 年，当时我们仪器系的师生，响应校党委的号召：大搞科研向“八一”献礼。我们班的同学有幸参加了天象仪的研究与制造工作。同学们参与的积极性都很高。

首先，一位老师给我们讲了一次课。他说：研究和制造天象仪是发挥我们的专业特长，也是填补我们国家还没有天象仪的这个空白。天象仪是光学仪器中结构最复杂，最能代表水平的一台大型光学仪器，德国蔡司厂的产品是世界上最权威的。老师给我们介绍了天象仪的原理、结构图以及设计、制造和加工的要求。虽然听得很糊涂，然而同学们想参加科研的心情却很迫切。然后，老师将我们全班同学分成两个组。一个组的二十多位同学，用手摇计算机计算天象仪系统的光路。大家很辛苦，一天十几个小时摇个不停。那时的手摇计算机是无法改错的，一个手指出错就得从头再来。我和另外十几名同学被分到系里的光学车间磨玻璃透镜。我们每天上午听查立豫老师讲“光学零件工艺学”课，下午和晚上到车间进行光学零件的加工。在工人师傅的指导下，从大块玻璃下料成圆柱体，然后粗磨。根据球面的尺寸，自己做模具，制沥青模，选取粗、中、细的磨料。全套工序——粗磨成形、中磨定尺寸、精磨达到合格的球面，均由自己操作完成。在精磨时要学会识别光圈，找出凹凸不规则的部位，再修补。镜片达到要求后在光具座上检验通过方可镀膜，最后达到成品，再组装成放大镜或其他的光学组件。

两个月的科研劳动，我们做出了一大批镜片和光学组件，那种成就感，难以言表。“光学零件工艺学”课我们也学得很踏实。记得装成的第一架天象仪样机，在北京天文馆演示时，有同学代表去看了，有的性能还可以与德国原装机相比。我们都非常激动，自豪地认为自己是“教育与生产劳动相结合”的践行者。这也增强了我们以后要成为一名光学行业工程师的信心。1960 年、1970 年我校研制出性能较先进的大型天象仪供北京天文馆使用。这是我校对国家高水平科研的贡献。

第三件事：1959 年秋的一天，我作为班上唯一的代表到北京航空学院听团中央书记胡耀邦同志的报告。这是专为首都大学生组织的一个报告会。胡耀邦同志讲得

有声有色，很风趣、生动。我们听得也很激动。一开场他就说："同学们！你们是八九点钟的太阳。你们是老一辈人包括那些死去的先烈们的接班人。我当了几十年的娃娃头，今天还是你们这群娃娃的头目。"他讲了几个问题我记不清了，报告的中心内容是"大兴读书之风"。这个词我感到很新奇。他说："你们都是大学生、大知识分子。"这话更是我第一次听到领导这样讲。"接班人要干什么事？知识分子是干什么的？要为人民服务，建设我们的国家。现在我们国家还很穷、很弱，经济、生产、科学都很落后，所以受人欺负，帝国主义四面包围八面封锁我们的国家。将来就靠你们来改变我们国家的处境了。由新民主主义社会到社会主义社会，争取早日到达共产主义社会，这就是你们这些知识分子的任务。

"我们党为了民族解放事业，吸引了那么多的知识分子到延安。工人、农民和知识分子团结起来打败了日本侵略者和国民党反动派，建立了新中国。在那些牺牲的先烈中有很多是可贵的大知识分子，例如李大钊、左权、陈昌浩，等等，他们很有学问，真了不起。1956 年我党组织知识分子带领全国人民向科学进军。我自小参加革命，没文化，是'红小兵'，就向有知识的人学习。我爱读书，我对那些知识人是'五体投地'，拜师学习。学生就是要努力读书，学知识。读什么书？读马列和毛主席的书，为人民服务；读科学书，数理化，学好本领，到工厂、农村去，造飞机、大炮、火车，高产粮食，加强国防，提高人民生活。还要学高精尖的技术，造原子弹，超英赶美，富民强国。你们知道吗？从美国、英国回来了一批爱国的科学家，他们可是宝贝啦！为了建设我们的国家还要向外国人学，学人家的先进科学技术。

"最后给你们说几句掏心窝子的话：你们能上大学不容易啊！不是愿意上大学的青年就都能上大学，把你们挑选来上大学，国家和人民每年在你们每人身上要花三四千元人民币，多少个农民才能养一个大学生。我们国家还很穷！你们要珍惜这个机会，认真读书，成为国家的栋梁之材，这是党中央、毛主席对你们的期望。提倡'大兴读书之风'就是这个意思。"

记得我回来给全班同学传达时，说到胡书记提倡"大兴读书之风"和他本人对知识分子佩服到"五体投地"，大家都很惊奇。同学们对胡耀邦书记的报告都很新奇，很感兴趣，认识到这是党对我们大学生的期望。党向年轻人发出号召，提倡"大兴读书之风"，同学们都很激动，积极响应。我们决不能辜负国家和人民花那么多钱对我们的培养，要珍惜在大学的读书机会，以后报效国家和人民。

大学生活是我人生中最重要的一个阶段，是我能为人民服务，为国家效力，不虚度一生的关键几年。吴运铎同志的报告增强了我学习军工专业的决心；教育与生产劳动相结合，理论与实践相结合，是我从教几十年尽力遵循的原则；胡耀邦同志语重心长的寄语，是我作为人民教师的责任和使命。

回忆大学生活，不是学了多少知识，而是学到了如何学习、如何工作、如何克服困难，学会了如何报效国家和承担社会责任。五年的大学生活使我受益终身。

作者简介：高鲁山，1936 年 12 月生，山西万荣人，教授级编审。1956 年考入北京工业学院，1960 年毕业留校。在光电学院夜视技术光电成像专业从事教学、科研工作，后在北京理工大学学报编辑部工作。曾任专业教研室副主任，学报编辑部主任、副主编（执行主编），中国高校学报研究会常务理事，北京市高校学报研究会理事长。

聚首、回首、壮志未酬

蔡季冰

相 聚 难 忘

2018年11月3日，23751班同学第二次集体返校聚会，此活动又正值毕业40周年，改革开放40周年，其意义非常！

23751班是一团结、奋进、师生情深的班级。他们个个把宝贵的青春奉献给改革开放，在创业道路上事业有成，而且时刻不忘母校。

这天自动化学院党委书记、院长及其他领导组织大家参观、座谈，热情欢迎大家重返母校。班代表送给每位任课老师刻着“恩师情深、以德育人”八个大字的纪念品。

以下通过几位同学的感言来感受大家当时的心情。

这次相聚感慨万千，回忆毕业40年，……唯有恩情、亲情、友情、健康是最重要的，……感恩23751班的老师们言传我们知识，身教我们做人，受益终身。特别是老师们对全班的呵护、课堂知识的传授、工厂实习、农场收割、横渡昆明湖、抗震救灾……感恩母校，感恩学习了自动控制、系统工程、系统思维方法论对自己的工作给予的指导。今天大家都年逾花甲，身体系统的可靠性已在降低，确需用自动控制原理来指导，从输入—输出—误差—反馈—调节入手，采用满意度控制，未病预防超前调节，维护好身体的鲁棒性。

期望23751毕业50载相约2028齐来聚！

祝胡老师、蔡老师及各位老师天天快乐、健康长寿！

秦继荣　11月10日晚19：28

谢谢蔡老师！谢谢胡老师！谢谢张学莲老师、莫裕仁老师、金绍琦老师！谢谢各位老师和我们一起回忆那段时光，谢谢你们这些认真、负责的老师，不但教我们专业知识，还教我们如何做人，让我们在后来的工作和生活中受益良多！再次说声谢谢了，我们的老师！

王建国　11月10日晚18：00

如果不是在母校见到亲爱的老师和同学，可能不会有这样的感慨。与2008年那次相聚记忆又延伸了10年，可追逐过往记忆的思绪似乎愈发醇厚。回顾过去生活的10年，幸运两字可能表达出这种思绪。当年年轻时，在最渴望、最需要学习的时候，……有机会来到北京工业学院学习，幸运地遇到了这么多好的老师，也幸运地遇到了这么多志同道合的同学们。老师们细致耐心地教，我们拼尽全力地学，那时候为祖国而学习是这一代人挥之不去的情怀。毕业又幸运地赶上了改革开放，用在学校学到的知识充实自己，为国家勤勤恳恳服务了几十年。很幸运在保全身心健康的状态下退休了……很幸运在40年后能和健康生活的老师、同学再聚首。有谁能想到40年后见面的情景吗？今天我们以恬静温馨的方式实现了。现在我们是有些老了，就像歌词里写的“一瞬间发现人生短暂；一瞬间发现路不再漫长；怎么刚刚开始成熟就老了；怎么刚刚开始明白就老了；怎么刚刚学会包容就老了。”其实，我们还不老，都很幸运，这份幸运就是幸福健康地生活着，希望各位老师和同学们都拥有这份幸运。幸运，幸运！

季强　2018年11月4日

（注：上文中胡老师即胡佑德老师，蔡老师即蔡季冰老师。）

往事回首

同学们的微信数量之多，内容之丰富不胜枚举。看完，使我热泪盈眶，深感欣慰，“教书育人”无上光荣！

回首往事，虽然我们的大学生活在不同时代，但彼此的理想、信念是相通的，我们有着共同的人生追求！

打我记事起，只知道我的童年是在逃难中度过的。1937年8月13日淞沪战事爆发，我全家（父母亲加上一岁多的小弟）离开上海辗转至桂林、南宁等处，接着落脚到妈妈老家湖南湘潭。沿途惊惶劳累，到家第二天妈妈因难产抢救无效，悲惨地离开了人世。失去母亲的呵护，我姐弟俩像一对野孩子。平日里父亲忙着教书谋生，只有晚上备完课才能陪伴我们，或讲些抗日烈士的故事。有次讲到蔡公时壮志殉国时，他流泪说：“蔡公时不仅是本家，按辈分我称他叔祖，平时常叫他叔公。在北伐军进入山东时，日军为阻止中国统一，竭力阻挠北伐军前进。叔公作为外交谈判特使向日方交涉，痛斥日寇侵华罪行。竟被日寇割鼻、削耳、挖眼，浇上汽油，残忍杀害……”日本军国主义惨无人道，使无数同胞流离失所、家破人亡，这国耻家仇根植在我幼小的心里。据《国家记忆》中史料记载，惨案发生后，共6 123人罹难，1 701人伤残，济南城内血流成河，尸横遍野，举世公愤。这次屠杀是南京大屠杀之前日军在中国制造的最为惨烈的一次大屠杀，史称1928年5月3日为“济南惨案”，又称“五三惨案”。2018年正值90周年，也正是蔡公时逝世90周年。当年在外交阵线殉职者有三人，其中蔡公时是革命者兼诗人，他祭吊黄花岗

七十二烈士墓赋四首七律诗，诗云：“英雄血和杜鹃开”“不抱丹心莫错来”……可见其浩然正气，慷慨悲歌之壮志情怀由来已久。

俗话说：“弱国无外交”“落后就挨打”。1949年物换星移，天安门前红旗招展，中国人民站起来了！但帝国主义亡我之心不死，全民掀起了“抗美援朝保家卫国”运动。当时我正值青春年少，“人最宝贵的是生命。……，当他回首往事，不因虚度年华而悔恨，也不因碌碌无为而羞愧。”苏联小说《钢铁是怎样炼成的》中保尔•柯察金的人生格言激励着我们那一代人。在那激情燃烧的岁月，我报名参军、参干、参加革命工作，党指向哪里就奔向哪里。国家一穷二白，需要经济建设人才，听党的召唤，赴大学深造。1956年进北京工业学院（即北京理工大学的前身）读书。北京工业学院，1952年改制为国防工业院校，成为新中国第一所国防工业大学。进北京工业学院对我是难得的机遇，使我矢志国防的梦想得以实现。

从1953年年底起，北京工业学院先后聘请了4批30多位苏联专家。1955年9月来华的普列斯努恒教授便是其中最年轻的一位。他在帮助建立指挥仪专业的同时，指导两批共8名研究生，我属第二批。但他于1957年7月回国，指导任务即由首任教研室主任张纪昌副教授担任。张老师正讲授着“指挥仪系统”等8门课程，主编4门教材，指导建设指挥仪大型实验室；还兼任院学术委员，《解算技术》杂志编委。他为我院数字指挥仪专业建设发展与人才培养做出了奠基性贡献。但他就是百忙之中也没放松对我的指导和要求。记得有次老师在看完我的一份课卷后指出其中一处有错，老师语重心长地给我分析：“这可能是你转专业对军工的特点领会不清所造成……”我听后甚感羞愧。在其他方面老师对我也关怀备至，如他得知游泳是我的最爱后，便领我们去运河游泳，兴致好时还秀一个10米高台跳水。德、智、体诸方面，导师身教多于言传。

忆往昔，恩师们数不胜数，他们都孜孜不倦地教诲着学生。

1975年，我校进行教学体制改革，按专业组织师生联队，我有幸和23751班同学及20余名任课老师历经了三个春秋，共同度过了那段极不寻常的日子。

1978年改革开放之初，我已过“不惑之年”，自动化系为了使我跟上时代步伐，推荐我进教育部举办的“现代控制论师训班”学习。教育部委托南开大学具体承办，我幸运地又过了一次大学生活。

南开大学以“允公允能、日新月异”为校训，恩师们在传道、授业、解惑中将南开精神传承发扬到极致。学友们来自全国40多所高校。我回校后埋头编讲义，撰写教材，于1980年12月至1981年4月领先于北京多所兄弟院校为我校研究生开出“系统辨识与参数估计”专业基础课；所编《系统辨识》教材被评为1992年第二届机械电子工业部电子类专业优秀教材二等奖。

一路走来，我取得的点滴成绩，全然离不开恩师们的教导，学友、同事及亲友们的大力支持、帮助，我由衷地感谢！更感恩于党和国家对我的教育与关怀，多次给我提供了良好的就学机遇和就业岗位。

壮志未酬

2018年10月初，学友杨自湘邀我同去石家庄看望叔叔，她说查询到解放军网一篇《百岁铁路专家的传奇人生》时才知蔡伯伯近况的。相见后摆龙门阵，杨自湘感叹地说，在亲友中德高望重者蔡伯伯数第一了。叔叔忙说："叔祖蔡公时外交史上第一人才是……"谈到他自己只是说："学书学剑争先觉，立德立功畏后生。""人民所需即吾志向，切勿患得患失，斤斤于个人利益。"改革开放之初，因工作需要叔叔从成昆铁路主要领导岗位调任铁道兵工程学院副校长，主管教学、科研。对以德树人，他侃侃而谈，使我浮想联翩、思绪万千……

假如有机会让我重温大学生活，我想我要在五花八门的选修课中，把新闻采访作为首选，牢记第二次世界大战的历史教训，作一名记者把战火纷飞的真相做实事求是的报道；或是当一名新闻发言人，讲好中国的故事。

假如让我重温大学生活，我将在"大学生创业园地"里设计与制作一双人工智能巧手，让伤残人中的钢琴爱好者奏出那天籁之音。

假如让我重温大学生活，我仍然要聆听恩师们的教诲，牢记"德以明理、学以精工"的校训，克服"好读书不求甚解"毛病，努力完善自身。做到在"认真"两字上狠下功夫。搏击天宇傲苍穹，寄"四两拨千斤"之念，神奇地撬动地球按杨嘉墀星发出的声波运行！

若杨先生九天有知，定说：有志者事竟成！

作者简介：蔡季冰，1934年9月生，江西九江人，原自动化学院教授。1956年于华中工学院（现为华中科技大学）电机制造专业毕业，1958年于北京工业学院指挥仪专业研究生毕业。长期从事自动控制理论与应用学科方面的教学、科研工作。为北理工首次开设出"系统辨识"研究生必修课 。所编著的《系统辨识》研究生专用教材获机械电子工业部优秀教材二等奖。

计算机专业初创时我们是怎样学习的？

吴鹤龄

我是 1955 年考上北工的，被录取在仪器系光学专业，班号 8554。但很快改为指挥仪专业，班号改为 12551。1956 年，在世界上第一台计算机诞生 10 年以后，我国也开始搞计算机。北工作为重点国防院校，成为第一批建立计算机专业的院校之一。经过紧张筹备，1958 年 11 月，计算机专业的教学正式开始，我们班和高一级的 12541 班一起接受计算机专业教育。在一个甲子（60 年）以后，回忆当时学习的情况，真是感慨万千。

当时的计算机专业教育，只有 2 门专业基础课和 2 门专业课。2 门专业基础课是脉冲技术和电子管线路，2 门专业课是电子计算机原理和程序设计。前 3 门课北工还有条件自己开，分别由徐和生、郑流芳和王远老师主讲；最后那门程序设计，则无人胜任，只好到北京大学去旁听数学系徐献瑜教授的讲课。

先说说去北大听课的情况。那时候，学校没有几辆公车，不可能为我们派车；学生也没有什么自行车，公交也很少，连接北工和北大的只有从西直门到颐和园的 32 路一条线路，因此同学们基本上都步行来回。北工的巴沟校区（现在叫中关村校区）开建不久，只有少数几个楼宇，显得荒凉；而北大则很大，建筑很多，还有风景如画的未名湖和博雅塔，气势非凡。我们第一次去，找上课的教室就花了不少时间。我开玩笑说“我们这是刘姥姥进了大观园啦”，引起同行的同学们哈哈大笑。

徐先生的课有个教材叫《程序设计基础》，那是根据苏联专家斯梅格列夫斯基在科学院计算所讲课的讲义翻译过来的，以苏联的第一代计算机 M-3 和箭牌上的程序设计为例，内容包括循环、标准子程序、比例因子、程序的组织，等等。现在看来真是“小儿科”，简单极了，但当时对我们来说却十分新鲜和生疏，难以理解。好在这门课的辅导老师陈堃球很热情，不把北工同学当外人，多次为我们进行集体答疑，排难解惑，给大家留下深刻的印象。

再说说校内 3 门课的情况。由于匆匆上马，这 3 门课都没有教材或讲义，因为书店当时还没有这类教科书，老师自己编写的则来不及印（在计算机排版系统发明以前，无论铅印还是油印，周期都很长），或者像王远老师后来回忆时说的，他是“临危受命”，开课前一周才接受的新任务，过去没有接触过计算机，只能紧张地找材料，边备课边讲课，哪有现成的讲义？在这种情况下，同学们只能边听边记，课后复习时大家互相对笔记，生怕漏掉什么要点。

这 3 门课本来都应该有实验，但由于器材、仪器设备、场地等条件的限制，一个实验也没有开出来。什么脉冲的生成和变换，什么单稳态、双稳态电路，什么寄存器、计数器，运算器、存储器……统统只能“纸上谈兵”。尽管如此，老师和同学态度都很严肃，老师认真教，同学认真学，没有什么人发牢骚、抱怨，表示不满，也没有什么人自暴自弃，放任自流，甘愿落后。

实验的缺失后来在毕业设计时得到了补偿：同学们分别参加了学校研制数字计算机和模拟计算机的科研项目，增加了感性认识，提高了动手能力。

北工的第一批计算机专业学生就是在这种情况下培养出来的。应该说，当时良好的师生关系和浓厚的学习气氛抵消了教学条件的不足和困难，这批学生的质量是一流的。在我的同班同学中，王桂海在 738 厂利用拉普拉斯变换对我国第一台计算机 103 机的触发器进行了分析，提出了耦合电容的最佳值，极大地提高了 103 机的稳定性。他后来还成为我国生产数量最多的第二代晶体管计算机 DJS-121 的主要设计人员之一。马其毅在石油部物探局出任银河地震数据处理系统的主要负责人，出色完成任务，获国家科技进步一等奖。周景年在襄樊计算机外部设备厂主持研制了我国第一台针式汉字打印机，成功用于“十二大”的选举，受到中央表彰。倪保家长期从事导弹制导设备的研制，贡献突出，成为航天部和上海市的“双料”劳动模范。其他不少同学成为大学的教授、博导，工厂的厂长、总工程师，研究所的所长、主任设计师等。可以毫不夸张地说，这批学生基本上都成了我国计算机各条战线的骨干和领军人物，是母校可以引以为豪的“北工人”。

放眼现今的北理工计算机学院，兵强马壮，教学、科研条件获得极大改善，同 20 世纪五六十年代相比，真是“鸟枪换炮”。真诚希望现在的大学生珍惜眼前的大好时机，努力学习，勤于思考，善于创新，为国争光。

作者简介：吴鹤龄，1937 年生，上海市金山区人，原计算机学院教授。1960 年毕业于北京工业学院计算机专业，留校任教直到 1998 年退休。曾任计算机系主任，主讲过离散数学、数据库、专家系统工具等课程，编写的《数据库原理与设计》获原机电部优秀教材一等奖。主持开发的“测发指挥员辅助决策支持系统”在酒泉卫星中心用于神舟号飞船发射任务，获总装备部科技进步二等奖。

社会和生产实践育我成长

——大学生活点滴回忆

董国耀

1956年暑期，从鲁西北农村来到了首都，走进了培养红色国防工程师的摇篮——北京工业学院，被分配在仪器制造系光学仪器专业。我心里满满的幸福和感激，感谢共产党，感谢毛主席，立誓听党的话，努力学习。

学校贯彻党的教育方针，教育与生产劳动相结合，要求我们德智体全面发展，成为有文化的社会主义劳动者。教学安排与社会和生产实际密切融合，许多教学活动深入心底，刻骨铭记，育德育才，终身受益。

工程素质的奠基课

入学后每周一次金工课，对我们来自农村的学生而言感到十分新颖，我很喜欢。走进车间，机器轰鸣，工件飞转，切屑飞溅，在师傅们熟练的操作下，一个个漂亮的零件制作出来。太神奇了，这是我第一次见到这种场面！在农村老家，曾见过打铁的，他们走街串巷，支起炉灶，把铁烧软了，光着膀子挥舞铁锤用力敲打，敲出需要的各种农具。在锻造车间里，似乎还有点熟悉的模样，最大的区别是用锻锤机代替了人工，师傅操作着机器和烧软的坯料，很快很省力地成型了，打制出了小榔头的形状。

铸、锻、焊、钳、车、铣、刨、磨，各种工种都实践了一遍。我们主要是观察师傅们操作，学习、认识、理解各种产品的制作原理和方法。老师们的讲解异常热情耐心，师傅们手把手地教我们。尤其是钳工课让我记忆犹新，师傅们又拿出了锻制的小榔头，让我们亲自动手，完成最后的加工。怎么拿锉，怎么站，怎么用劲，每个姿势，每个动作，师傅不厌其烦地示范、指导，反反复复多次。当拿到合格产品时，那种高兴的心情难以言表！

大学第一年里，还赴天津自行车厂进行了认识实习，从各种零件加工到整车装配都跟随师傅学习了一遍，认识了产品生产过程，了解了生产中科学严格的工序安排和要求，学习了师傅们不怕苦、不怕累、一丝不苟的工作精神和态度。

金工课和认识实习是培养我们工程素质的奠基课。

知识技能和思想品德双丰收

1958 年，我们一边上课，一边在系工厂劳动实习，我的老师是何有师傅，车工。每天走出课堂就去车间，开始是站在机床旁边看师傅操作，师傅让干啥就干啥。能主动做的事是打扫卫生、打开水、清理切屑、搬运毛坯或零件等，加工制作的活不会做，只有听师傅指挥！何师傅是老共产党员，朴实、忠厚，话语不多，什么活都带头干。他不怕苦、不怕累、不怕脏，对我们充满了关心和热爱，他耐心地讲解操作方法和技能，不轻易指挥我做一些杂事，不断地问寒问暖。他加工操作严谨、细致、认真，经常拿起卡尺测量加工的尺寸是否到位，是车间干活效率高、质量好的能手。遇到这样的师傅，我十分幸运。我很尊敬他，积极主动地做些可做的活，勤学勤问。慢慢地，师傅让我独立加工操作了。结业时，师傅评定我为三级车工。

我还学习了几门工程类的课程，如韩锡勋老师讲授的机械制造工艺学、于启勋老师讲授的金属切削刀具、刘巽尔老师讲授的公差与技术测量、李绍明老师讲授的机床原理等。他们都是著名教授，造诣很深，讲课深入浅出，教书育人。听了这些课，实习中的一些谜团解开了，看透了机床内部的构造和原理，了解了刀具为什么五花八门，明白了如何编制工艺和监控加工质量。我觉得越学心里越亮堂，激起了深入学习的热情，更加热爱专业了。

1959 年年底到 1960 年年初，是大学四年级下学期，我们被安排到西安附近的兴平电机厂工艺实习。由于我们年级班级多，西安光学仪器厂安排不下，我们班就来到比较偏僻的兴平电机厂，指导我们的是杨洪福老师。

工厂刚开始对大学生的住处安排有一定困难，就把我们暂时安排在旧马厩里住。记得杨老师站在马棚门口挥着手臂鼓励大家，要艰苦奋斗，虚心向工人师傅学习，自己动手，安置家园。于是我们就动手清扫、整理，住了下来。大家几天的表现感动了师傅们和厂领导，不久就让我们转住到了职工宿舍。我被分配在机加车间当车工，带我的是个女师傅，班长也是女师傅，她们和我们年龄差不多，像姐妹。

因为我们有了前段的实践基础，又学习了相关课程，对师傅的操作能及时合理地辅助，打扫卫生、清理切屑等，我们都主动做，所以，师傅们很喜欢我们。记得车间团支部书记谭师傅是革新能手，聪明能干，经常想出提高效率、改善质量的妙招，带动了大家，形成了你追我赶的生产热潮，有很大的凝聚力和影响力。师傅们有些崇拜他，我十分敬佩他。一个月过去了，实习结业了，师傅们和我们都恋恋不舍，车工组和我们四个同学还合影留念，这张照片我一直珍藏着。离厂半年后，我的师傅和她同乡回天津探亲，特来校看望我们，我们十分感动。

从生产劳动和课堂教育中学到了知识，学到了技能，学到了工人师傅朴实、爱国、敬业的高贵思想和品格。

为十三陵水库建设流汗，为大型天象仪研制献力

1958 年春夏之交，参加了两周修建十三陵水库的劳动。

记得，背着简单行囊，在主楼前列队，出东门，左转奔向十三陵。我是宣传委员，赶到队伍前方，站在路旁说快板给大家鼓劲。郭振英是排长，带领大家高呼着口号，唱着革命歌曲，雄伟高昂地前进。

工地上人山人海，红旗飘扬，挥镐挖地，推车、挑担往返如穿梭，你追我赶，热火朝天。大家用铁锹铲土，装进柳条筐，用扁担挑着两筐，沿着铺在松土上的竹排路送到堤顶，开始是少半筐，而后半筐、多半筐、满筐，直到冒尖，大家戏称“吃窝窝头”。朱芝诚、王基鸿、田金生、刘本伟、马新渠、李茂鸿等同学都是“窝窝头王”。陆君达、薛连宝同学，他们从小在上海长大，没有干过这种活，但仍用坚强的毅力去挑。我当时深受感动，就把这些事迹及时写成稿，到战地广播站去宣读。

睡的是地铺，躺下就睡着，睡得很香；吃的是窝窝头，吃得也很香。有几句歌词至今记忆犹新：“窝窝头来窝窝头，过去看见你就发愁……自从来到工地上，我和窝窝头交了朋友。”有一顿饭改善是烙饼，我一口气吃了两张。

半个月的劳动，脸更黑了，手上起泡了，身体更壮了，意志更坚强了。

四号教学楼南侧的大型天象仪雕塑，是北理工一个耀眼的标志。1958 年，光学仪器系师生大干一百天，研制成功大型天象仪样机，向国庆节献礼。那时，凭借敢想敢干、赶超世界的雄心壮志，白手起家。我们班承担了光学计算的任务，是在四号教学楼 2-1 教室里，两到三人一组，一组一台手摇计算器，十几台从早到晚不停地摇了半个月。完成任务后，大家高兴不已，幸福驱走了疲劳！

敲锣打鼓向国庆节向党献礼的时候，既兴奋又自豪，因为我们为制造新中国第一台大型天象仪贡献了力量。

为建设十三陵水库流汗，为研制大型天象仪献力，体现了党的教育方针，培育了我们的思想、品格和毅力。

铭心刻骨的教育，感动终生的教材

四年级末，提前毕业，走进教师行列的第一天，我就被分配到了传感器教研室。迎接我们的是邹异松老师，他热情亲切、思维敏捷，富有激情和活力，他是我们的学术带头人、教研室主任。

教研室有二十几个人，分别来自光学系、无线电系、自动控制系，都是提前毕业的，后来又调进了一位老教师温业光老师。

名副其实的一穷二白，白手起家！邹老师带我们来到四号教学楼顶上的一个大屋子里，空荡荡的只有几张桌子，这就是教研室。邹老师向我们讲解传感器的内涵和科研及教学等建设设想，鼓励我们，这是党的信任，是国防需要，我们必须把专业建起来，也一定能建好！可是，我们昨天还是学生，而且尚未接触到专业课程，我对传感器一无所知，也不懂怎么搞科研，怎么建专业，更不懂得做什么科研，怎么做，需要什么研究和实验设备，等等，主要靠邹老师培训和指导，再去查阅些相关书籍和资料，确是边学边干啊！

江先进任党支部书记，他是和我们一起提前毕业的，有朝气，有魄力，有干劲，有智慧，为集体把握方向，把大家拧成一股劲，攻克难关，勇往直前！

第一项科研任务就是研制代号505项目上的各种传感器，我被分配到了加速度传感器组。我是老师，立即分来了学生，是同年级8562班的张志民同学，美其名曰老师带着学生。张志民业务能力很强，他善于钻研，踏实细腻谦逊。领导再三鼓励我们要解放思想，边学边干，按照$F=ma$定律，选择了弹簧重锤式结构，很快完成了设计计算和图纸。还有好几个组都相继完成了设计，进入了加工阶段。

我承担了校内机加零件的联系协调工作，上到505项目办公室，下到机加车间加工师傅，需及时沟通处理各种问题。说实话，从中学到了很多，收获很大。

有一次，一个零件迟迟加工不好，装配工作十分着急，我就到车间去了解，发现还在平面磨床上加工呢，火星四溅，几天了总达不到图纸要求，师傅也心急火燎，再三表示歉意。我仔细一看，正是我们设计的加速度传感器上的重物零件，画图的老师把表面光洁度写错了，磨制确实很难达到，其实，根本不必要这样高，是笔误了。我让师傅立即停止了加工。这个事件，对我教育太深刻了！老师曾多次教导我们，画图要认真，画错一条线，可能会造成经济损失百千万！该次亲身经历，成了我一生教学中多次宣讲的教材内容。

我们设计的传感器经过了火箭实际发射试验，都达到了设计指标。

在项目科研和生产实践的过程中，边学边干，学习并掌握了专业知识，同时，完成了大学五年级的学习任务。

社会和生产实践育我成长

我们的大学生活紧密与社会和生产实践相融，除了课堂教学外，还参加了许多社会和生产实践，如上文所述十三陵水库建设、天象仪研制、生产劳动、实习、科研，等等。这培育了我们坚定的政治信念，热爱祖国、热爱党、热爱人民、热爱劳动、热爱学习的品质，自力更生、艰苦奋斗、勇于创新的意志，严谨、务实、服务、奉献的作风，朴实、扎实的工程知识、技能和素质。

我热爱社会和生产实践，乐于参加社会和生产实践，社会和生产实践育我成

长，是支撑我终生工作的脊梁。

作者简介：董国耀，1936年10月生，山东武城人，原机械与车辆学院教授。1956年考入北京工业学院；1960年毕业留校任教。曾任制图教研室主任、支部书记，中国图学会常务理事，中国体视学会常务理事，中国图学会图学教育专业委员会主任，图学学报编委，中国体视学与图像分析编委等。曾主持国家自然科学基金、兵科院等科研项目。曾获全国科学大会奖、部科技进步奖、市优秀教学成果奖、市优秀教师等奖励。1993年获国务院政府特殊津贴。

回忆大学生活

赵长水

1956 年我高中毕业，党中央发出了“向科学技术进军”的号召。作为一名共产党员，学校动员我报考我国新成立的国防院校西北工学院，学院是由内地大学搬迁到陕西汉中成立的，后搬到陕西咸阳。师资力量较强。张德齐、李育珍、汤世贤、邓开举、陈峰浴等教授都是该院教师，后转入北京理工大学任教。1956 年入学教育，校领导刘海浜讲学校的历史，特别讲到学校刻苦学习的事例，激励大家刻苦学习，立志成才。1957 年，中央决定西北工学院办学方向转变，与西安航空学院合并成立西北工业大学，学生可留下在西北工业大学学习，也可以转学，根据自己志愿和高考成绩转到心愿学校学习。我和几十位同学因热爱国防事业转到北京工业学院学习。我从火炮专业转到坦克车体专业学习。1957 年 9 月，我背着铺盖坐火车到校报到。车到北京前门火车站，下车后经过天安门广场，看见天安门城楼，心里不知有多高兴。大一学生吃住上课都在车道沟校舍。能到我党建立的第一所理工科大学，当时称培养国防科技人才的摇篮，心中别提有多高兴。上课在延安大楼。延安大楼的命名源于革命圣地延安。一进大楼，革命气息扑面而来，倍感激奋和温暖。上课在一个冬有火墙的大合班教室。现延安大楼早已拆除，改为兵器科学研究院办公区，唯独这个合班教室保存至今，改为兵科院下属单位的一个报告厅。一入校园就看到院长魏思文的布告，有劝告退学的，有成绩不合格勒令退学的。这又引起我的思考：作为农村出来的孩子，学习成绩一般，怎么办？只有发愤图强，刻苦学习才能跟上趟。

我们坦克车体专业编号为 10 专业，班号是 10571。当时的学生组成较复杂，有当年高中毕业高考来的，这是主体，还有一部分是因 1956 年招生出现的所谓“洪峰”而被组织动员报名到俄文班或转到 1957 级继续学习的 1956 级学生，我就是 1956 级转 1957 级学习的。还有几个是从北京工业学院速成中学毕业直升大学的调干生。这样学生组成的班集体，40 多人中有党员 6 人，调干生 5 人，年龄大的调干生和城市来的学生年龄相差七八岁，学习基础高中毕业生较好，而调干生较差。当时班上成立有党支部，调干生赵玉林是党支部书记，我后来接任党支部书记，党支部归大一党总支领导。

1958 年 9 月，党委书记魏思文提出，是学校又是工厂，是学生又是工人，是脑力劳动者又是体力劳动者，既要学习又要生产。每年安排 4 个月的劳动，五年教学 121 周，总学时 4 000 多，生产劳动 48 周，单车锻炼 17 周，毕业实习 6 周，毕业设计和科研 23 周，考试 18 周，整风 10 周，假期 17 周。根据以上安排和要求，党支部如何团结全班同学完成以上任务责任重大。党支部、团支部、班行政定期碰头研究，采取思想上、学习上一帮一、一对一的办法，不让一个同学掉队。遇到思想问题，由调干生和党员采取多谈心的办法沟通解决；遇到学习问题由基础好的同学帮助学习上吃力的同学。班级形成了团结、严肃、勤奋、活泼的氛围。以下简单回忆几件事情。

1. 积极参加社会活动。1958 年和 1959 年作为北京工业学院民兵师方队参加国庆阅兵。1958 年是 7612 步枪方队，1959 年是扛 60 迫击炮方队。参加阅兵要经过几个月的排练，步枪方队我因个子高，排在步枪方队第一排最右边第一个。60 迫击炮方队要三人抬一门炮，那个重和累我们扛过来了，能参加国庆阅兵内心十分高兴。

因我校是国防院校，学生入学都要经过政治审查，政治素质好，所以欢迎外宾的活动都把我校放在钓鱼台国宾馆门口显要位置。记忆最深最热烈的是欢迎当年苏联部长会议主席伏罗希洛夫访华：飞机是在西郊机场降落，毛主席亲自到机场迎接，进城经过当时车道沟校舍门前道路，场面之热烈现在仍历历在目。

2. 修建十三陵水库大坝。1958 年 4 月 26 日—5 月 8 日，全校 3 900 余名学生参加建大坝义务劳动，主要是挑沙石上坝。当时没有什么机械，就是每人一挑扁担，两个柳条筐。当时大家精神高亢，两个筐装得满满的，像一个窝窝头在筐内，当时吃的也是窝窝头加咸菜。由于体力劳动太强，所以吃窝窝头又香又多，我一顿能吃上 4 个。我们班不够吃，就半路找那些吃不完的。当时流行一首歌：“窝窝头来窝窝头，过去看见你就发愁……自从来到工地上，我和窝窝头交了朋友。”那年“五四”青年节就在工地上搞了大联欢，大家非常欢乐。但可惜的是我们没亲眼见到毛泽东、刘少奇、周恩来、朱德等中央领导到工地参加劳动，他们去时，我校刚返校。返校后因体力消耗过大，肚中又没有油水，吃起学校饭菜分外香，那时学校蒸的一两一个的小馒头，我能吃上七八个。

3. 西山植树，绿化山林。1959 年 4 月，我们班参加门头沟区三家店水库边上一个山头绿化造林劳动，时间一周。吃住在学校搭建的帐篷内，早上带上开水和工具爬山挖树坑，当时叫鱼鳞坑。我们挖坑，专业队伍栽树，中午送饭上山，日落下山。我因从小生长在出门就爬坡的沟内，故爬山并不难；我是班长，每天和另一个身体好的同学负责抬一桶开水上山。60 年过去，十年树木，百年树人，当年栽的树，早已成林，我们也从大学生变成退休老人。

4. 再说说搬家。1958 年，传说车道沟地区地下有煤，延安大楼建到几层后停建，校舍从车道沟搬到巴沟校区，即现在的中关村校区。学生用具就是上下双层床和每个人的铺盖卷，这些东西就靠我们抬过来。当时的上下床是由东北产的水曲柳木头做的，又结实又重，两个人抬起来从车道沟搬到巴沟，几里路也是够累的；但大家没有怨言，按时完成任务。

5. 1958 年 6 月，党委提出把学校变成教学、生产劳动和科学研究密切结合的“三联”基地，学生既学习，又参加生产。我班参加三系转速表的研究生产，指导我们的是老技术工人关师傅。当时让我做转速表厂副厂长，白天上课，晚上就住在原三系陈列室边上一个二层小楼内。

6. 1958 年全班到西山车场进行驾驶汽车的实习。车辆是苏联产嘎斯 51 汽车，规定每人上车驾驶两个小时，要求发动、停车、站杆、倒车入库，中间不能熄火，这些我们都能做到。

教学、生产劳动相结合，增加了我们的实践知识，提高了劳动技能，但是也有弊端，打乱了正常的教学秩序，影响了系统地学习基础知识。当时的课时并未减少，总学时 4 000 多，周学时 24，怎么办？对我这个“笨鸟”来说，只有加班学，刻苦学，少休息，这也是我三年不曾回家的原因。1958 年，中央提出“大兴读书之风”，把个人学习和集体学习结合起来，学生参加劳动必须力求与专业相结合、与科研相结合。当时我们班住宿、上课、自习均在南大门内的第一宿舍楼，有固定教室。我们上课准时、宁静，听讲认真，自习肃静；课间活动到平台上做操或到操场打篮球、排球。

1959 年年底和 1960 年 4 月，因师资力量欠缺，上级决定从 1956 级、1957 级提前抽调一部分学生充实我校、北航、哈工大等校师资队伍。上级领导决定抽调我和几位同学提前参加工作。虽然有点不舍大学生活，但我们还是服从了组织决定。赵玉林到党委政策研究室工作，我到新成立的核物系（当时称老九系）半导体专业教研室工作。工作不到一年又决定让我出来做团总支书记和指导员工作。此后，在党政工作岗位上做了 35 年，直到 1995 年 9 月退休。

我今年 84 岁，在北理工上学 4 年，工作 35 年，退休也已 24 年。可以说，我这一生全交给北京理工大学了。六十年风雨，学校的“延安根，军工魂”没有变，立德树人的办学方向没有变，能在此学习、工作、退休、安度晚年，真是幸福和安慰。学校已进入“双一流”大学发展阶段，看到学校的发展，我打心里高兴。在此，感谢学校的培养，感谢 35 年工作中学校党委的严格要求，感谢学校在我晚年给予的关爱。

作者简介：赵长水，1935 年 7 月生，河南新郑人，原统战部退休高级工程师。1960 年 4 月参加工作，1995 年 1 月退休。曾获北京市统战工作先进个人、北京理工大学优秀共产党员等荣誉称号。现为北京理工大学离退休教职工党委委员。

大学是我人生成长的摇篮

贾展宁

我上大学是在北京工业学院，1955年至1960年。我清楚地记得，1955年的暑假，邮递员到我家院子，给我一封信，我打开一看，是北京工业学院的录取通知书。我高兴地递给父亲，父亲说："嘿！未来的红色国防工程师。"学校录取通知书上写着"你们将成为红色的国防工程师"。入学后，老师给我们进行了专业思想教育："北京工业学院是我国第一所国防工业学院，国家需要大批常规兵器工程技术人才，你们毕业后将会补充兵工企业技术人才的不足，所以你们必将成为红色的国防工程师。"我记得我们初入学时巴沟的红楼以及我们红平房的教室；我记得晚自习张洪惠老师给我们上答疑课；我记得我们背着丁字尺去绘图室画图；我记得夜晚12点多我们翻越中门篱笆墙回宿舍……我记得上大学时的点点滴滴。

最值得回忆的是我们的劳动生活，就是1958年参加十三陵劳动。记得我们浩浩荡荡的队伍从学校出发，一直走到十三陵，边走边有文艺宣传队打快板、喊口号、鼓劲，到达十三陵立刻就干活。我们这10天的劳动就是担沙子，先把沙子铲到自己的筐里，再担走，来来回回。初干体力活，干一会就特别累。晚上睡在工棚里，每个人打一个地铺，一天的劳动让我们睡得很香。中午的饭是玉米面窝窝头和咸菜。在十三陵的劳动虽然很累，劳动和生活条件都很简单，但大家情绪极为高涨。有一首窝窝头歌：

窝窝头来窝窝头，
过去我看见你就发愁，
医生说你有营养，我说那是瞎胡诌。
自从来到工地上，我和那窝窝头交了朋友，
这回吃你特别香呀！原来你能改造思想。

这首歌广为传播，至今学校里我们这些耄耋的很多老师都还记得。

上大学时，每年6月份的麦收，是我们必定参加的。我们到农村帮农民收麦，有时就在魏公村。收麦子也是很累很辛苦的劳动。这个季节很热，太阳晒一天，大家的皮肤就黑了。有一年暑假我们在农村待了两周，除了收麦子，我们还干其他农活，我记得很多男同学光膀子干活，后背晒得脱了一层皮，露出鲜红的嫩皮。有一年的暑假，我们化工系五号楼前的马路，是我们年级自己修筑的。我们一层层地铺土，打夯，和水泥……但是好像质量不行，过了两年，学校又重修了。

到专业厂跟工人一起参加劳动，是进行教育与生产劳动相结合的最典型形式，我们跟班劳动一个学期。记得，我当时被分配在太原145厂硝化车间，生产硝化甘油（即硝酸甘油）。由于硝化甘油是扩张脑血管的，每走一步，震动一下，头就疼一下。师傅说，时间长就好了。

1958年，三年级，我们全班同学参加505科研。在山西太原145厂参加505科研的工艺组，发生了爆炸，牺牲了5位同学。505科研是我校搞的第一枚二级固体探空火箭，工艺组是研制复合固体推进剂的。复合固体推进剂的主要成分包括氧化剂、燃烧剂、硫化剂和其他添加剂，其中氧化剂是过氯酸铵，燃烧剂是橡胶。将准备好的原料——氧化剂、燃烧剂和添加剂，在人工操作下反复压延混合成为片状，再将片状料卷成一定尺寸的柱状，进入压伸机压成一定尺寸，最后在一定温度下进行硫化，成为固定尺寸的推进剂药柱。在学校小批量的研制成功后，部分学生于1958年9月20日到太原145厂进行推进剂药柱制造。当时装备探空火箭的推进剂药柱尺寸已长达2米，直径60厘米。硫化工序是放在工厂山上的窑洞内，事故是当药柱在硫化罐内硫化时间到打开硫化罐时发生的。

1958年，党中央作出研制导弹的决策，作为国防工业院校，相应的建立导弹专业，我们火药专业成为火箭固体燃料专业。我们学生也分组参加固体推进剂的研制。当时国家一穷二白，几乎没有科研设备，我们自力更生，艰苦奋斗，白手起家，一点一点搞起来，如小型压延机就是我们自己设计、画图、跑加工、安装、调试。这种事情太多了。那时，哪里工作需要，我们就到哪里，没有实验室，我们就自己建。大家都是夜以继日地奋战，经常就住在实验室，睡在工作台上。高能复合固体推进剂的制造，每一个工序、每一个环节都是充满危险的，事故随时都在威胁我们的生命。推进剂用的氧化剂都是极为爆炸敏感的过氧化物，都是由我们学生手工研磨成极细粉末，粒度要求过筛100目。那时，我们真是把生命置之度外，把事业看得比自己的命还重要。5位同学的牺牲，正是这种不怕死的牺牲精神的体现。事故的发生，我们从中获得了教训。失败和成功都是成长的经历。一个人的成熟，一项事业的成功，一个国家的强盛必然伴有失败和教训。只有经历了成功和失败，获得了两方面的经验，才能成长，因为人对客观规律的认识必然经历曲折的过程，往往有多次的反复。周恩来总理在《国家命运》中曾说：“一个好的科学家一定要有成功和失败两方面的经验。”

上大学期间，正是年轻人人生观的形成期，大学是我们人生成长的摇篮。我们明白，上大学不仅要学习科学知识，还必须要参加体力劳动，锻炼自己，改造自

己。劳动课已成为我们大学生活的一部分，是思想改造和提高政治觉悟很重要的内容。

中华人民共和国成立后，毛泽东进一步强调：“教育必须与生产劳动相结合。劳动人民要知识化，知识分子要劳动化。”目的是要打破教育与生产劳动相互分离的旧传统，缩小脑、体劳动之间的差别，造就有社会主义觉悟的有文化的劳动者。毛泽东在《关于正确处理人民内部矛盾的问题》一文中提出：“我们的教育方针，应该使受教育者在德育、智育、体育几方面都得到发展，成为有社会主义觉悟的有文化的劳动者。”高等教育六十条又明确提出：“教育必须为无产阶级专政服务，教育必须与生产劳动相结合……通过加强学校教育的实践环节，参加生产劳动，增强劳动观念和群众观念，改造世界观，培养全面发展的新人。”

十一届三中全会以后，邓小平同志从实现四个现代化的战略全局出发，在总结历史经验的基础上提出：“为了培养社会主义建设需要的合格人才，我们必须认真研究在新的条件下，如何更好地贯彻教育与生产劳动相结合的方针。”“现代经济和科技的迅速发展，要求教育的质量和教育效率的迅速提高，要求我们在教育与生产劳动相结合的内容上、方法上不断有新的发展……更重要的是整个教育事业必须同国民经济发展的要求相适应。”他指出：“各级各类学校对学生参加什么样的劳动，怎样下厂下乡，花多少时间，怎样同教学密切结合，都要有恰当的安排。”他提出“教育要面向现代化，面向世界，面向未来”这一战略指导思想。

在新时代的今天，习近平同志精辟和明确指出：“培养什么人，是教育的首要问题。我国是中国共产党领导的社会主义国家，这就决定了我们的教育必须把培养社会主义建设者和接班人作为根本任务，培养一代又一代拥护中国共产党领导和我国社会主义制度、立志为中国特色社会主义奋斗终身的有用人才。这是教育工作的根本任务，也是教育现代化的方向目标。”“我们的教育要培养德智体美全面发展的社会主义建设者和接班人。”

时代在前进，教育在发展，做对国家、对社会的有用人才是不变的教育目的。

作者简介：贾展宁，原化工系教授，1936 年 12 月生。1955 年 9 月考入北京工业学院（现北京理工大学）化工系火药专业；1960 年毕业后就读研究生，从事固体推进剂力学性质研究；1963 年留校任教，教授过高分子物理。曾参与冰雹降雨火箭研制，该项目获得全国科学大会奖；发表过《固体推进剂力学性质分析》等研究论文 20 多篇，分别刊登于国内外学术刊物；参加过改性双基推进剂的研制，获得两项部级三等奖。

珍惜大学学习生活

李祯祥

我上小学时根本没有想到过能上大学。1950 年农历十二月我小学毕业了，毕业后干什么？当时同村一块学习的三个同学商量了一下，去县城看看有什么样的学校能上。春节过后，我们三人背着几升米，步行几十里去了县城，正好赶上有两个中学招生。我们三人就报考了这两个学校，结果这两学校都录取了我们三人。在看榜时，还听到了一个激动人心的消息，即家庭经济困难的学生，国家给助学金。我高兴极了。由于国家给助学金，我顺利地读完了初中。毕业时，由于我年龄比较小，个子不高，老师指导我还是上普高合适。通过统考，我考上了邵阳专署第一中学。国家助学金帮助我顺利地读完了高中。在毕业前两个月，某天班主任通知我去校办公室开会，我不知道是什么事。到办公室以后，还有另外的十几个同学也来了。坐下后，校长说："今天有北京工业学院的一位老师，给大家介绍北京工业学院的情况。"我们仔细听了这位老师的介绍，表示第一志愿一定报考北京工业学院。会后，我心情十分激动，认为考上大学多了几分把握，又何况是一所神秘的大学。通过高考，我顺利地被北京工业学院录取，高兴得两天没睡着觉。按规定的时间到邵阳市第一中学领取材料。全专区考入北京工业学院学习的三十多个人都到了，地委教育局专门派了一辆汽车把我们送到长沙，又坐从广州开过来的学生专列到达北京前门火车站，然后北京工业学院新生接待站的人员把我们接到车道沟校区。

我到了北京看到大城市的繁荣，看到了北京天安门，看到了中南海的红色围墙，心情十分激动，难以用语言表达出来。学校给了我一等助学金，冬天还给我发了棉衣和棉鞋。我衷心地感谢毛主席和共产党，没有毛主席和共产党就没有我的今天。当时，我暗下决心，一定要珍惜大学生活，努力学习，学好本领，为建设祖国服务。

北京工业学院现已改名为北京理工大学。改革开放 40 年来，学校发生了巨大的变化，招生人数大量增加。现在的学生同我们那个年代的学生的情况大不一样。就经济情况而言，无论是城市还是农村，无论是干部还是工人农民，其经济状况都大有改变。但学生学好本领为社会主义祖国服务的目标没有改变。你能考上北京理工大学，说明你在高中努力学习了，你应该继续努力，刻苦学习，珍惜大学生活。

学好本领，为建设祖国服务。

到学校的第二天，我同一些刚来的新同学一块游览校园。在大操场的一角我看到了两条大横幅，其中一条上面写着“培养红色国防工业工程师”。“红色”这两个字用在这里是什么意思呢？我左思右想不得其解，后来通过首长的报告和政治教育才明白，“红色”是中国共产党奋斗目标和中国共产党人品质的一个形象说法。这条横幅说明我们学校培养的人才应当是为党的事业奋斗的人才，是全心全意为人民服务的人才。这使我的世界观发生了根本的转变，我决心参加中国共产党。经过自己的努力，最终党组织接纳了我，我光荣地成为一名中国共产党党员。

另一条横幅上写着：“为祖国健康工作五十年”。当时高级知识分子还没有退休制度。照这条横幅的说法我工作五十年后应该是七十多岁了。当时我们都年轻，身体没有毛病，与身体健康有关的知识知道不多。现在回想起来，作为一个学生应该严格按照学校规定的作息时间表学习和生活，不要熬夜，也不要睡懒觉，同时注意保护眼睛。我觉得现在我校学习的国防生做得很好，他们早上六点半起床，然后出操锻炼。这能达到锻炼身体的目的，希望我们的大学生都能像国防生一样学习和生活。

开学典礼以后就上课了，课程门数多，是根据苏联某大学的功课表复制过来的。经过一段时间的学习，我发现每门课程的内在联系和前因后果很紧密，比如高等数学前一节没有弄懂，要弄懂后一节就困难，而高等数学学不好，我们学电子工程的很多课程也学不好，因为后续的很多课程都要应用高等数学的知识。所以当时我们上课时，无论是刮风下雨，还是下雪，哪怕是有病或摔了腿也得坚持去上课，有自行车的把摔了腿的同学推着去上课；有些同学得了大病，住了几个月医院只好休学，等病好以后再在下一年级复学。学习的另一个环节是自习，就是在晚上把当天的功课复习好，通过写作业和背诵记住当天上课的内容。如果有时间的话最好预习一下下一次老师讲的课程，这样听课就主动多了。还有要利用好教师这个关键因素，老师来答疑时多和老师讨论问题。

学习有方法，却没有不听课、不自习的投机取巧的方法。学习是一件苦差事，不下功夫是学不好的。1960 年 4 月我提前毕业，留校当教师，几乎每年都给学生上课，也当过班主任，却没有发现学生因天气不好或一些小伤小病而缺课的现象。晚自习答疑时我都忙不过来。退休以后，返聘我继续讲课，却出现了一个不应该出现的问题，当天气不好时，教室里听课的学生缺了不少，晚上自习答疑时，问问题的学生也很少。我觉得这很不好，应当予以纠正。

1958 年进行教育革命，提倡教育与生产劳动相结合，知识分子与工农群众相结合。本着这种精神，我们 1956 级的学生到 718 厂参加劳动。我们是第一次去工厂，感到什么都新鲜，这是一个干部职工上千人的工厂。工人师傅对我们很热情，手把手地教我们操作机器。我们学习和工作也十分认真，同工人师傅一起三班倒，我还被评为“先进生产者”。通过三个月的劳动，思想和业务取得了双丰收，有些课程不要老师讲，自己看看就懂了。

1958 年修十三陵水库，毛主席等中央首长都参加了劳动，我们学校也有几百名学生去参加了劳动，而我们 51563 班学生却留在学校修 4 号楼北边的一条马路，马路的长比 4 号楼长一点，而宽度基本上同现在的一样。修路的工具只有一台搅拌机和一些铁锹，两个工人师傅作指导，我们这些学生都是第一次参加这样重的劳动，一天劳动下来，腰酸背痛，手脚运动都困难，饭量大增，晚上一觉睡到大天亮。大家都坚持下来了。为了在修十三陵水库的同学回校那天修完马路，最后两天还加班加点，终于在修十三陵水库的同学回来那天把马路修完了。在全校总结大会上，我们班受到了魏院长的表扬。

劳动创造一切。当代大学生的情况大不一样了，但参加劳动是必修课，我们应该参加一切可能的劳动，比如打扫宿舍卫生，洗衣服、被子等。假期回家以后，帮助家里做家务，农村的学生帮助父母干农活。要注意节约，比如吃饭想吃什么就买什么，吃多少就买多少，不要浪费饭菜。

我们班曾是魏思文院长的试验田，我多次参加他主持的座谈会。他亲自听取大家对学校特别是对学生工作的意见。我们班毕业时，他与全班同学合影留念，毕业会餐时，亲自到我们桌前问候。1960 年 4 月我提前毕业留校工作，又分配在电子工程系遥控遥测教研室当教师。这也是魏院长的试验田，多次当面听过他的教导。这些事现在我回忆起来，总是很激动。魏院长的笑容总是在我脑海中出现。

为了振兴中华，我们的前辈奋斗了一百多年，其中包括无数先烈英勇地献出了宝贵的生命。当代正在学习的大学生是振兴中华的又一代，同学们努力啊！为接好班、学好本领而奋斗吧！

作者简介：李祯祥，中共党员，原信息学院副教授。出生于 1937 年 7 月，湖南人。1951 年 2 月入湖南省新化县第一中学读初中，1953 年 9 月入湖南省邵阳市第一中学读高中，1955 年 11 月加入中国共产主义青年团，1956 年 7 月高中毕业。1956 年 9 月入北京工业学院电子工程系雷达线路专业学习。1960 年 4 月提前毕业后留校任教。先后在遥控教研室、电路分析基础教研室从事教学和科研工作。

曾获“先进工作者”“优秀党员”荣誉称号和科学技术进步奖等奖励。

终生难忘的一天
——追忆参加开国大典

姜文柄

我们学校在1949年7月已由井陉迁到北京，9月底，学校领导介绍中央开会的一些情况，如人大、政协的组成，国旗、国徽、国歌征集等，并决定我校参加10月1日的开国大典。同学们听到这个喜讯都无比高兴，并准备在夜间游行的火把。

“十一”那天，学校很早就集合了队伍，随中央机关人员来到天安门的东侧墙下（因当时学校归重工业部领导，机关队伍靠近天安门），往西走不远就到天安门城楼下，往前看就是长安大街和天安门广场。

下午3时，大会宣布开始，升国旗和奏国歌，接着毛主席讲话，他宣布：“中华人民共和国中央人民政府今天成立了！”大家听到都无比高兴，跳跃着向天安门高呼：“毛主席万岁！”“中国共产党万岁！”“中华人民共和国万岁！”

随后阅兵开始。这时受阅部队都在东长安街待命，下达命令后，解放军通过天安门前，随着军乐队的伴奏进入会场。步兵、炮兵、装甲车、摩托车、骑兵等陆续走（驶）过天安门，天上还有受阅的飞机飞过，接受毛主席的检阅。大家看到我国强大威武的解放军队伍和战车、飞机，都十分高兴，感到我们祖国的强大。

部队检阅后，群众游行开始。我们学校的队伍由天安门东走向西单。在通过天安门时，望着天安门城楼上的毛主席，我们高呼：“毛主席万岁！”毛主席不断向我们挥手致意，大家都非常兴奋。走到西单向南拐，快到宣武门时又向东拐，一直通过东交民巷拐向王府井大街。这时，天已渐渐黑起来，我们点起了火把，照亮了大路，一直向北回到学校。

这一天虽然没有休息，而且都是站着的，但大家都非常兴奋，不知疲倦。回到宿舍躺在床上，想到中华民族一个多世纪受帝国主义的侵略和欺辱，把我国变成一个殖民地和半殖民地国家，任其宰割和剥夺；现在，在中国共产党领导下，驱走了帝国主义和国民党反动派，从此中国人民真的站起来了，不再是“东亚病夫”，不再任人宰割。想到这些，真是心潮澎湃，难以入睡。这激励着我们要更加努力学习，为建设伟大富强的祖国做出贡献。

作者简介：姜文炳，1926年生，山东济南人，原经济与管理学院教授。1949年加入中国共产党，1953年毕业于北京工业学院并留校工作。

科学研究，发轫大学

林鸿溢

1961年，我从大学毕业。如歌岁月，历历在目，镌刻着我在大学读书期间的点点滴滴——金色年华，青葱岁月；数载寒窗，一世情缘；师恩师德，言传身教；砥砺奋进，科学研究。

难忘亲情师恩

高中毕业后，高考要填志愿书。当时国家正在宣传工业化，我想机械制造应该是很重要的专业，所以选为第一志愿。莆田五中名师、班主任周永铭老师看了志愿表后，让我选择物理专业作为第一志愿。周老师亲切地对我说："你数理化基础好，有条件报考物理系，这对你更合适，对国家也好。"周老师指点迷津，改变了我的生活道路。

在家乡生活的十几年中，我亲眼看到一些乡亲因为缺医少药，生病未能得到医治而去世，十分悲痛，我立志将来长大后要当医生。到了读高中时，国家正在实施工业化计划，我的志向变为当机械制造工程师，为祖国工业化做贡献。后来在周老师的指导下，又转为学物理学专业。想成为科学家的梦想没变，只是改变攻读的专业。

改变，可能蕴含着美好前程，也意味着含辛茹苦。

我接受老师的指导，选择著名的高等学府——南京大学物理学系为第一志愿。我如愿以偿，被南大录取了。这是我为实现科学梦第一次启航。

梦想是美丽的。在出发之前，梦想只是梦想；只有启航了，上了路，梦想才变成挑战；直面挑战，梦想才会实现。

从东海之滨的小乡村江尾，远去大城市南京，就读名校南京大学，很不容易。这是我实现梦想的关键阶段。我是村里第一个考取大学的，亲戚和乡亲送钱送物，依依惜别。浓浓的亲情、乡情，感动着即将远离家乡的游子。

大嫂手巧，很爱护我，去南大前，她特地教我缝补手艺。这样，我从大学开始，就会做缝补手工了，如缝被子、补袜子等。

我承载着浓浓亲情——母亲泪、兄弟情、嫂子爱，离别家乡，踏上异乡求学之路。大哥一直送我到莆田，依依惜别，情深似海。

经历汽车、轮渡大船、内河小船、火车的多次转换，路经杭州、上海、苏州、无锡等大城市，来到南京。高年级同学热情迎接我，在他们的引导下，我光着脚走进楼群林立的南大校园。

融入大学校园

进校的第二天一早，高年级同学就送来一双鞋，让我穿上，说城市里地上有玻璃杂物，容易把脚割破，一定要穿鞋。素不相识，头一次相见，就如此关心爱护，让我感动得热泪盈眶。南京大学同学间团结友爱的浓厚氛围，感动了全寝室的新同学。感激发自内心。好的校风就是这样自然形成的。

在南大，我刻苦读书，关心班级活动，因此同学们选举我担任学生会干事、班主席和团支部委员。

有一年寒假，我回家过年，特地拜访了单身老贫农先义。他很高兴，我们交谈得很随意。分别时，我送他一包香烟，祝他老人家过年快乐。我回南大时，他特地送来一包辣椒，说南京比家乡冷，吃辣椒防寒。据说后来他高兴得到处宣传："鸿溢是大学生，也是个好青年，很出息，很和气，很礼貌，很亲热，对乡亲很尊重，真是个好后生。"南大老师不仅教给我知识，更重要的是教我为人。

南大党委宣传部任命我为广播站编辑部编辑。根据需要我推荐我们年级的两位女同学臧詠霞和叶蓉华担任播音员。我编辑的稿件，受到学校党委宣传部的特别表扬。

师友情似海深

在"大跃进"年代，南京大学物理系曾经以实验室为基础，在老师的指导下，学生参加科研办工厂。我国半导体科学技术的泰斗、教研室主任吴汝麟教授任命我担任太阳能器件车间主任，开展半导体光伏器件的研发。这是我为实现科学梦第二次启航。我既要学好功课，又要做光伏器件的实验，自然要付出双倍的努力。吴老师亲临指导，推动研发工作进展。

毕业后，我被分配到中国科学院工作。吴老师 80 寿诞时，我刚好在南京出差，我买了生日大蛋糕为吴老师祝寿。老师很高兴，不让我住宾馆，要我住在家里。老师的女儿为我烹饪南京美食，真有宾至如归的感觉。我和吴老师有一次愉快的师生长谈，可惜，却是最后一次交谈。四年后，老师去了天堂。吴老师在学问上对我真心教导，在生活上对我关照有加。伟大的师恩，至今我感恩在心！

郑有炓教授（现为科学院院士）曾委托我做实验。那一次郑老师正在北京参加学术会议，需要光电效应的实验曲线，他打长途电话指导我做实验。实验室没有红外线源，怎么办？我找来一盒火柴，划燃火柴，照亮样品，进行光电效应测量，效果很好。经过一天的实验操作，得到光电效应的实验曲线。我连夜打电话告诉老师实验结果，老师很满意，他可以在会议上发表所得到的数据了。他赞扬我实验做得很成功。

何字亮教授教我们半导体物理学。我在北京理工大学工作期间，他曾经从南京大学来北京与我合作研究非晶态半导体，共同承担国家项目，获得优秀成果，论文发表在国际和国内的杂志上。

“大跃进”“大炼钢铁”时期，有件事让我难忘。炎炎烈日，我们男同学光着膀子干活，割麦、抬土、筑高炉，干得热火朝天。我体质虽然较差，但是，我是团支部委员，要带头拼命干活，十分劳累。休息时，我倒在地上就睡着了。记得有一次，我正睡得酣甜呢，有人拿狗尾巴草拨弄我的嘴唇、耳朵；我生气，一下子推开他的手，一看是臧詠霞，正要责怪她，她却温和地说：“累了，躺在地上睡不好，容易生病；快起来吧，喝口水。”同学间友爱之情，令劳累的身体温暖、愉悦。叶蓉华等同学还到寝室拿走我换下的衣服洗净送回，同窗情谊令人感动至深！

晚上回校后，自然要到沐浴室冲洗冷水澡。南大的学生宿舍条件很好，每层楼都有两个沐浴室，冷热水都有，很方便。南京太热，为了凉快，我们只冲冷水。因为不懂事，后来腰痛，生病了，校医院给我转到著名的鼓楼医院和原南京军区医院医治，我得到了同学们亲人般的关怀。

在南大读书期间，和谐美好的师生情缘、同学友情，真实体现“爱与自由”人性灵魂的闪光，镌刻心间，难以忘怀。

担任预备教师

我们在南大读书的最后一年，物理学系筹备成立低温物理专业，是一项中苏合作项目。系领导决定从半导体专业抽调林鸿溢、从磁学专业抽调张长贵，担任预备教师，并派到中国科学院物理研究所学习低温物理。赴京前系里举行隆重的欢送仪式，充满情感的话别、鼓励和希望，让我们满怀信心地去完成新的科技任务。

记得在一个秋天的下午，我和同班同学谢宗钧、顾柏春去明孝陵、中山陵游玩，一路上漫步在林荫道上，脚踏落叶，发出清脆的声音，我们谈论着毕业后的打算，约定不管到什么地方工作，国庆节那天都要相互通信。然而毕业后，我们三人都进了中国科学院工作，至今仍保持醇厚的友谊。

任何时候，打开心扉，再现当时的情景，内心都感到特别温馨快乐。真是寒窗

数载，情谊难忘，在时光漫溯中，散发优雅芬芳。

美丽的校园风景，亲切的老师教导，温暖的同窗情愫，都随我跨越山山水水，从南京到了北京，成为我在科学院的陪伴，勉励我勤学勤练，尽快掌握好新技术。

我们到了科学院，在洪朝生院士的指导下，学习低温工程和低温实验技术。低温实验室里，各种仪表琳琅满目，各种机器连成系统。很新奇，但很无知，我从头开始学起。我们学了两个月后，学校来电，要我设计低温液化器，要求最终实验温度要达到极低温零下 260 摄氏度。我赶快调查文献，寻找资料，计算制图，经过一个多月的工作，终于完成设计图纸和设计报告，又经过一段时间的讨论和修改，最后定稿。

然后，我回南大做设计报告，老师们很满意，于是联系工厂加工液化器。我每天往返于学校与工厂之间，因为晕车，很辛苦。由于是非标准化加工，工厂特地派经验丰富的技术工人专门做液化器的加工，我全程参与。液化器加工完成后，因为国际合作没有成功，所以，成立低温物理专业暂时搁浅。后来，在没有国际合作的情况下，物理系自力更生，创办了低温物理专业。

我们即将毕业时，在南大群英会上，郭影秋校长向我颁发“三好学生”奖状，这是南大对我大学生活的评价。

郭影秋校长曾经是云南省委第一书记，后来到南大担任校长。数年后，又从南大调到北京，担任中国人民大学党委书记兼校长，兼任北京市委书记处书记。郭校长是一位优秀的领导干部和教育家。

在南大的全校大会上，郭校长的每一次演说，对我们全校师生都是一次难忘的教导和鼓励。记得在我们毕业典礼上，郭校长以“祖国召唤，学士当先；己所不欲，勿施于人”为主题做了激动人心的演说。一种沁入人心的鼓舞能量，令我们热血沸腾，热情高涨；我们决心在工作岗位上，实现周恩来总理的殷切期望——“为祖国健康工作 50 年”，充分发挥自己的才华和能力，为中华民族实现富强、民主，屹立于世界民族之林，奋发前行，奉献毕生精力。

毕业后，我和其他 10 位同学分配到北京工作。在首都开始新的生活。

潜心于物理学

南京大学物理学系是全国著名的学术和教学机构，很不容易考取，既然考取了，就要好好学习。但是，物理难学，功课太重。有的同学因之严重失眠，整夜睡不着。有的同学转系了，甚至有休学的。感受到“改变意味着含辛茹苦”，然而，我不后悔，坚持学下去。随着时间的推移，我对物理的兴趣越来越浓厚。记得在一次物理学家云集的物理学会上，我宣读了“半导体电子自旋共振研究”的论文，著名科学家、会议主席黄昆院士高兴地指出：“我国终于有了自己的电子自旋共振研究了！”武汉大学一位教授对我的报告赞扬有加。长辈科学家对研究报告的肯定，是对年轻科学工作者的鼓励。

今天，我更深刻感悟：人类最崇高的思想是了解一切、理解一切、创造一切。而这一切都离不开物理学基本原理。

物理学是研究物质基本性质和运动规律的科学，可以说是自然科学基础的总汇。物理学原词出于希腊文“physis”，其意为“自然”。说得更具体一点，人类日常生活的各个方面，农业演进、工业拓展、经济繁荣、国防安全、交通运输、矿产开发、文化教育、科学研究、媒体文艺、信息传播，以至于地震海啸、刮风下雨……哪一样不与物理学息息相关？所以，物理学应是全人类的基础学科。

记得1992年在北京举行的中国物理学会成立60周年庆典暨学术报告会，我的报告与我的南大固体物理学老师、科学院院士、某军事基地副司令程开甲教授的报告被安排在同一个会场。师生在学术会议场合见面都十分高兴，程老师还送我新发表的学术论文，我也送老师一本著作，请他雅正。2018年11月17日，敬爱的程老师101岁高龄逝世。

科学研究，攀登不息

我从大学物理学系毕业后，进入我国科学研究的最高殿堂——中国科学院，在半导体研究所从事科学研究。这是我为实现科学梦第三次启航。我成为一名年轻的科学工作者，满怀激情地迈上攀登科学巅峰的漫长旅途。

攀登科学巅峰是一种跨越重重障碍的特殊行动。从儿童时光的金色年华，到少年时光的梦幻光阴，再到青年时光的青葱岁月，我走过或平坦或坎坷的人生道路，经历过两次改变，为追求科学梦三次启航，终于进入科学院，从事科学研究，真的感受到快乐与幸福。

1978年，我转入北京理工大学信息学院任教。我也成了老师，认真教学是我的职责，先后主讲10门课程，其中固体物理学、半导体物理学、微电子实验是本科学生的必修课程，半导体理论、微分析技术、非晶态半导体、纳米科学技术是硕士生和博士生的课程，分形论——奇异性探索、信息技术新演进、高技术前沿是全校学生的选修课程。其中后6门课程是北京理工大学首次开设的新课程，而纳米科学技术和高技术前沿两门课程，是全国首次开设的创新课程。高技术前沿是两院院士王越校长倡导的，由四个系的四位教授合作开设的全校性选修课程。

在上述两门选修课的基础上，我编著出版发行两部书——《新的推动力——纳米技术新进展》和《高技术前沿》。

虽然我的教学任务挺重，有时一学期主讲4门课程，但不忘科研活动。我先后主持多个科技前沿项目和国防预研项目：国家自然科学基金委员会课题、开创性预研项目、国家“863计划”项目、中国工程物理研究院的应用于火箭与导弹的新材料项目、兵器部的纳米技术武器应用项目、航空科学基金委员会的导航项目等。此外，还要指导研究生、博士后。工作日程排得满满的，工作实在太忙了，终于病倒了，胃出血住进医院。在攀登科技前沿山峰的历程中，虽然含辛茹苦，但仍乐于探索创新，直到取得科研成果。

科学研究过程也不全是辛苦，也有乐趣。记得在物理研究所低温物理实验室做电子自旋共振研究时，参与实验的所有人员，都近距离亲眼看到氢气从气态氢到液态氢，又从液态氢再到固态氢的突变。那晶莹剔透的固态氢，恰似琳琅美玉，展现在我们面前，美极了！那一瞬间，实验温度骤然降到零下260摄氏度极低温，实验成功了！团队的朋友们都不约而同相拥欢呼！

科学实验研究过程，有时严肃，有时欢乐；有时美好，有时震撼；有时惊奇，有时安静；有时失望，有时欣喜；……记得有一次在实验室做纳米半导体硅薄膜实验时，当在实验系统中施加射频电磁场时，在通有实验气体的低真空室中，瞬间产生色彩艳丽的辉光，极美丽，赛极光，超彩虹！是我从来未曾见过的极其美妙的辉光！这就是实验室美，科学美，它给我们心灵带来的快乐是无与伦比的！

作者简介：林鸿溢，教授、博士生导师、纳米科学技术学科带头人，先后担任纳米技术研究所所长、国防科工委专家组成员、全国纳米技术与应用学术会议程序委员会主席、全国电子测量与仪器会议组织委员会主席、全国纳米科技西安研讨会程序委员会主席、北京大学与上海交通大学联合国家重点实验室学术委员、清华大学纳米技术研究中心学术委员、北京科技研究院特聘纳米技术首席专家、全国性科技刊物《纳米科技》杂志主编等职。

从事国家前沿科技研究和主持国防科技预研项目多项，获得部科技进步奖、大学科技特等奖项和国家发明专利等多项。

出版著作13部，在国内和国际学术刊物上发表200多篇学术论文。

一封家书

周本相

娘：

自从儿八月离家到北京上学，九月初到校后给您写了封信报平安，由于忙于功课，至今才给您写信，让您惦念，儿很感不安，对不起您老人家！

现在把儿在北京上学的学习生活情况向娘做一下比较详细的报告。首先在学习方面，对大学课程，儿虽十分努力，但还是感到非常吃力。一来大学的学习方法和中学大不一样，一下子还不适应。另外是我们老家荣中和全国大城市的中学相比，程度还是落后一些。因此感到学习跟不上，尤其是数学和外语等课程。我们北京工业学院有严格的规定：如果期末考试一门不及格就要补考，如果补考还不及格，就要退学。因此我感到压力很大。我们家世世代代没有一个人上过大学，我决心珍惜上大学的宝贵机会，我不能给娘和全家丢人。所以我决定，先不搞社会工作，要全身心地投入到功课中去。我只有比别的同学花更多的时间去学习，晚上晚一点睡觉，多一分勤奋，就会多一分收获。我想等我学习成绩赶上去了，我再在政治上努力争取进步，力争早日入党，去报答共产党给予我们全家的恩情。

在生活上，儿很快适应了北方的习惯。我被批准了助学金，每月 12.5 元，除了交伙食费外，剩下的交团费及购买肥皂等生活日用品。我买不起书，就靠记笔记，课后整理笔记，也是很好的温习。北京的冬天很冷，但是儿是年轻小伙子，火力壮，不怕冷，扛一扛，没什么事。晚上睡觉就用娘过去陪嫁时那床带来北京的老棉絮一卷，再用腰带把一头捆紧，从另一头钻进去，这样盖的垫的全有啦。入冬来我申请补助买了一件棉袄，穿着很暖和，下面仍然穿一条布单裤。来北京时穿的草鞋，天气冷了，不能穿了。也有同学给我提意见说，在首都穿草鞋，影响不好，所以我把草鞋扔了，丢时我很舍不得。

在吃的方面，我已基本习惯，每顿都是白米饭和大白馒头，敞开吃，就是感到炒菜不辣，太清淡了。由于没钱买公交车票，加之功课也紧，我一两个月都不出校门。国庆节到天安门参加游行，头一天从车道沟徒步走到城里东黄城根 40 号校本部（原中法大学旧址），打地铺睡一夜，第二天参加完游行活动后，再徒步走回西郊车道沟。九月初刚到大学时由于条件所限，我们就在灰楼打地铺，我感到无所谓，再看看人家广东来的同学，他们穿着一双木拖鞋，提着一个冲凉的洋铁桶，就这样到北京上大学来了。可见到北京工业学院上学的同学，大多都是穷孩子。后来学校领导讲：车道沟校区地下有优质煤矿，因此在不远的巴沟，就是农科院的对面，建设新校区，所以我们大一的同学每天下晚自习就冒着风雪出后校门过运河，再穿过农民的积肥场，绕过北京外国语学院的后门走到巴沟新工地刚建成的二宿舍楼睡觉。第二天一清早，再跑步回车道沟吃早餐和上课。大家感到比较累，但同学们毫无怨言，因为大家都理解学校建设的暂时困难。

娘，以上儿啰唆地说了这么多，就是想让您了解我在北京的情况，好让娘放心。总之，儿在北京一切都好，有学校领导的关怀，还有同学的帮助，在学习、生活各方面都没得啥子问题，您就放心好了。

娘，自从父亲前年去世后，娘带着我们兄弟姐妹六个孩子，全靠娘您给人洗衣、做饭、纺线艰难度日，我知道您每天干活太累，休息不了，但是您千万要保重身体。儿时常都在想您，有时睡觉做梦，梦见您下河坝清洗衣裳，或到河边捡菜叶子，我害怕您掉到河里，我吓醒了，就躺在床上流泪……娘，现在儿远离老家在北京上学，不能在您身边尽孝，儿只有奋发学习，将来学业有成，等参加工作了，一要为国尽力，二要为母尽孝，报答老娘的养育之恩，那时我一定要接您来北京享福。好了，就写到这里，言不多叙。

祝您老人家健康安好！并向弟弟妹妹们问好！

儿本相叩拜

1954 年 12 月 20 日

作者简介：周本相，1936 年 2 月生，四川省荣县人。1956 年 3 月加入中国共产党。曾任荣县中学学生会主席、校团总支委员。1952 年被抽调到荣县团委宣传部脱产工作半年。1954 年考入北京工业学院第二机械系引信专业学习。1959 年 9 月毕业留校，历任科研科科长、实验科科长、资料情报科科长、科研处副处长等职。1974 年 10 月调 8 系（现机电学院）82 专业任分总支书记，1978 年调回科研处。1991 年调党委宣传部工作，1996 年 2 月退休。在职和退休期间多次获得校报先进报道奖；获市手工美术优秀奖 2 次，全国“新中国成立 60 周年向祖国寄语”一等奖。曾在校内外报刊发表论文及诗文 100 多篇。著有《诗集》《荣县方言词语集》《工笔蝴蝶画册》等。